공부머리는 문해력이다

당신의 아이를 바꾸는 문해력

공부머리는 문해력이다

진동섭 지음

포르★세

차례

1장   초등 공부머리를 기르는 문해력

2장 　　　　　　　　　 성적을 높이는 답은 문해력에 있다

3장 　　　　　　　　　　　　　　 연령별 문해력 학습법

4장　　**문해력은 입시에 유리한 공부머리를 키운다**

공부머리를 키우는 문해력

글자를 모르면 문맹이라고 한다. 글자를 알아도 글의 내용을 파악하지 못하면 문해력이 없다고 한다. 글자를 읽을 줄 안다는 것이 문해력이 있다는 말은 아니다. 요즘 학생들은 잘 쓰지 않는 '알력軋轢'이라는 단어가 있다. 글자를 읽을 줄 알면 어렵지 않게 알력이라고 읽을 수 있다. 그러나 진정 안다고 할 수 있으려면 알력의 뜻과 용례를 알아야 한다. '파벌 간의 알력이 끊어질 날이 없다.'라는 문장을 보고 '두 세력이 의견이 맞지 않아서 대립하고 있구나.'라고 이해해야 문해력이 있다고 할 수 있다.

단어와 용례를 아는 것만으로 언어생활과 문자생활이 이루어지지는 않는다. 그래서 책을 많이 읽으라고 하지만 독서만으로도 문자생활, 언어생활이 완성되지는 않는다. 예를 들어 초한지를 읽을 때, 머릿속에 항우와 유방의 흥미로운 대결을 떠올리며 세상을 사는 이치를 알았다고 하더라도 문해력이 충분하다고 말하기는 어렵다. 그 글에는 많은 한자어와 고사성어가 섞여 있어 이해한 듯하지만 오독한 경우가 꽤 있다. 조선 시대 사회상을 모른 채 현대어로 쓰인 《춘향전》을 읽어도 충분히 재미있을 수 있다. 여기까지는 독해력이다. 독해력은 글을 읽고 이해하는 능력이다. 한편 당시 역사를 이해하고 사회상을 알고 있다면 더 풍부하게 글을 즐길 수 있다. 더 나아가 소설을 읽고 자기 생각을 표현할 수 있다면 독해력 이상의 단계에 온 것이다. 이 능력이 바로 '문해력'이다. 이런 점에서 문해력은 독해력과도 차이가 있다.

문해력은 문자를 자유자재로 활용할 수 있는 역량을 말한다. 글로 쓰인 모든 것을 빠르게 읽어 이해하고, 생각을 말로 잘 표현하고 글로 잘 쓰는 것, 문서를 잘 만드는 것, 거래 성사를 위해 자신의 제안을 한 장짜리 문서인 '원 페이퍼 프로포설one paper proposal'로 잘 작성하는 것, 이 문서를 프레젠테이션 자료로 만들어 발표를 잘하는 것 등 의사소통 관련한 문자생활 전반에서 역량을 발휘할 수 있는 것이 문해력을 갖춘 것이다. 문해력은 거의 모든 직종과 창업 분야에서 반드시 필요한 역량이다. 문해력은 대학 입학 관문을 통과하는 데 여권과 같은 역할을 할 뿐만 아니라 사회 생활을 하는 데에도 중요한 역량인 것이다. 그래서 문해력은 초·중·고 시절에 길러야 할 가장 첫째 가치로 꼽힌다.

그렇다면 공부머리와 문해력은 어떤 연관이 있을까? 인류는 생각하는 에너지를 줄여 배고픔을 견디는 방향과 지루함을 못 참고 새로움을 찾아나서는 방향으로 진화했다고 한다. 모순되는 발전이지만 우리는 여기서 인간이 최소의 노력으로 최대의 효과를 원했다는 것을 알 수 있다. 최소 노력으로 최대 성과를 거두기 위해 필요한 것이 바로 다른 사람이 해놓은 연구다. 공부는 기존의 연구를 읽고, 들어서 알고, 그것을 자기 말과 글로 표현하는 일이다. 그러므로 공부머리를 키우는 데는 문해력이 필요하다.

우리는 왜 지금 문해력을 말하는가?

2020년 봄에 발간한 나의 책《입시설계, 초등부터 시작하라》는 베스트셀러가 되었다. '전적으로 제 말을 믿으셔야 합니다.'로 시작한 입시 이야기는 제목 때문에 오해를 받기도 했다. '초등학생까지 입시 경쟁에 밀어넣으려는 수작이냐?'라는 오해가 대표적이었다. 저자로서 내가 알리고 싶었던 내용은 초등학교 때부터 공부 습관을 형성하고 성장할 수 있도록 가정에서 도와주는 방법과 대학입시의 실상을 잘 파악한 뒤 이에 대응하기 위해 아이를 과열시키지 않도록 해야 한다는 것이었다. 즉, '정상적인 자녀 교육이란 무엇인가'에 대해 같이 고민을 해보자는 의도였다. 초등학교 시절부터 시작하는 입시설계는 2002년 한·일 월드컵 때 히딩크 감독의 전략처럼 기본기와 체력을 충실히 기르면서 올바른 정보를 바탕으로 공부 역량을 서서히 기르는 것을 말했다.

이 책에서는 공부 이야기 중 '문해력 기르기'라는 한 꼭지를 떼어내 상세히 살펴보는 작업을 하려고 한다. OECD에서도 미래 학생이 가져야할 네 가지 스킬 중 하나로 문해력을 들고 있다. 네 가지 스킬이란 문해력

Literacy, 수리력Numeracy, 디지털 리터러시Digital Literacy, 데이터 리터러시Data Literacy를 말한다. 이 중 문해력은 과거부터 미래까지 늘 학문의 중심, 경제 활동의 중심에 있었다. 기업의 입사 및 승진 시험에 읽고 요약하기 문제가 출제되는 현실을 보면 기업 역시 문해력을 중시한다는 것을 짐작할 수 있다. 그런데 요즘 학생들은 미디어의 영향으로 활자를 멀리하고 이미지에 몰두하며, 게임으로 시간을 보내면서 독서를 멀리하는 경향이 있다. 스마트폰의 영향으로 일기를 쓰기보다 통화와 짧은 문자로 의사소통을 한다. "헐, 진짜? 하하하, 크크크….″ 등으로 이어지는 감성 대화는 이 시대 젊음을 대표한다. 이런 소통 방식은 의사소통이라기보다 이심전심, 텔레파시라고 하는 편이 더 나을지 모른다.

그러나 사회는 독서를 요구하고 토론을 종용하며 기획서와 보고서를 쓰기 원한다. 국가직무능력표준인 NCS의 의사소통 능력에도 문서를 작성하고 해석하는 능력이 포함되어 있다. AI가 직무를 대신 수행하는 시대가 와도 사업계획서, 계약서, 성과보고서를 작성하는 등의 문서를 통한 의사소통 능력은 사회생활의 기본 역량이라는 것이다. 그런데 실상 글을 읽고 쓰는 작업을 좋아하는 사람이 별로 없다.

한편, 취업에 성공하려면 서술형 시험과 면접이 필수다. 그 이전 단계인 대학에서는 공부를 위해 책을 읽고 요약하고 보고서를 쓰는 등 문자활동을 한다. 고등학교 때는 많은 독서를 통한 독서 역량을 갖추도록 노력해야 대학에 간다. 그 바탕은 학교 공부인데, 학교 공부도 읽고 쓰고 말하는 가운데 이루어진다. 고등학교 공부를 잘하려면 초·중학교 단계에서 학습 결손이 없어야 한다. 학습 결손이 생기지 않으려면 독서와 지속적인 글쓰기·발표하는 연습을 해야 한다. 글쓰기와 말하기는 오랜 기간 연습을 해야 실력이 향상된다. 그래서 다른 과목에 비해 국어 성적은 단기간의 노력으로는 오르지 않는다고 말한다. 하지만 비단 국어뿐 아니라 모든 과목이 독해와 글쓰기 능력이 바탕이 되어야 이해된다. 그래야만 자기 생각을 만들어낼 수 있다.

문해력을 길러야 하는 이유는 무엇인가?

글은 두괄식으로 서술되어야 독자가 의미를 쉽게 파악할 수 있다. 그런데 우리말과 글은 중요한 단서가 늘 뒤에 있다. 두괄식보다는 미괄식으로 쓰인 글이 많다. 예를 들면, '나는 독서를 좋아'까지만으로는 정보가 제한되고, 마지막 '한다' 또는 '하지 않는다'에서 확정적인 정보로 완성되는 탓이라고 한다. 미괄식 글에서 독자는 글의 진의를 파악하기 위해 끝까지 긴장을 늦추지 않아야 하는데, 현실 세계의 독자는 마음이 바쁘다. 현대인의 삶의 속도는 조선 시대 음악과 같은 속도가 아니다. 첫 문장에서, 기사의 헤드라인에서 대부분 정보를 얻고 싶어 한다. 그래서 글은 두괄식으로 쓰라고 하고, 말도 두괄식으로 하라고 말한다. 즉, '나는 ~라고 생각한다. 왜냐하면 ~이기 때문이다. 따라서 ~ 해야 한다.'라는 구조를 익혀야 한다.

그러나 현실 세계에는 쉽게 의미를 파악할 수 없는 글도 많다. 어쩌면 모르는 이야기가 더 많을 수도 있다. 단지 두괄식으로 쓰이지 않았기 때문에 의미 파악이 어려운 것은 아니다. 배경지식이 부족해 내용 파악이 어려운 경우도 있고, 앞부분을 잊어 이해하지 못하기도 한다. 고유 명사가 낯설어 내용 파악을 하지 못하는 경우도 있다. 하지만 독해를 방해하는 다양한 걸림돌을 극복하고, 글을 통해 현실 세계를 파악하는 역량을 길러야 사회적 성공을 거둘 수도, 학문의 세계도 열 수 있다.

한편, "사회적으로 성공하기 위해 필요한 능력은 바로 문해력이다."라며 문해력을 기르라는 말을 하면 한가한 이야기로 취급당한다. 정작 해결해야 할 과제는 발등에 떨어진 불인 공부와 시험이다. 교과서에는 텍스트가 실린다. 교과서 저자는 중위 그룹이나 그 이하 학생들도 이해할 만한 글을 선정하여 싣는다. 어려운 글을 실으려 하면 편집진에서 제동을 건다.

"그건 아이들이 이해하지 못해요."

그러다 보니 본문 텍스트는 쉬워지고 학습활동 항목에 어려운 글이 들어간다. 아이들은 이 활동을 하기 위해 글을 이해하고 분석해 자신의 언어로 보고서를 쓴다. 이 과정에서 학생의 문해력이 떨어지면 교과서 수준의 글을 읽을 수 있어도 '공부를 잘하는 수준'에 이르지는 못한다. 배경지식과 독서 속도 둘 다에서 높은 수준을 갖춰야 학습 결손이 없는 상태를 유지할 수 있으며, 원하는 진로 경로로 나아가는 데 지장이 없다.

대학입시를 준비하다 보면 수능 국어와 만난다. 수능 국어에서 독서 관련 글은 2,300자 정도 된다. 이 길이는 A4 한 장하고도 한 단락쯤 더 되는 길이이다. 수능에서 국어 시험을 보지 않는 학생은 거의 없다. 고교학점제가 도입될 2025년에도, 대입제도가 바뀌는 2028년에도 수험생 대부분이 수능을 본다. 수능은 선택형 문항이든 새로 도입할지도 모르는 서·논술형 문항이든, 주어진 글을 읽고 답을 고르거나 자기 생각을 쓰는 시험이다. 따라서 글의 정보를 빨리 정확하게 파악하는 훈련이 되어 있지 않은 채로 고3이 되면 시험공부가 힘들다.

문해력에는 1만 시간의 법칙이 적용된다. 적어도 하루 3시간씩 10년을 노력하든가, 10시간씩 3년은 노력해야 한다. 그러다 보니 다른 과목은 다 1년이면 되는데, 국어는 쉽게 늘지 않는다고 말한다. 수학·과학이나 영어를 못해서 의대 진학을 못하는 것이 아니고 국어를 못해서 못 간다는 말이 나온다. 문해력을 기르는 데에 이렇게 많은 시간이 걸리므로 문해력 기르기가 다른 공부보다 어렵다. 문해력은 오랜 시간을 글을 읽고 써야 만 길러지기 때문이다.

'문해력을 기르기 시작하는 나이가 좀 늦으면 어때?'라고 생각해도 성적에 아무 상관이 없다면 문해력을 기르고 싶을 때, 문해력을 기를 필요가 있을 때 시작하면 된다. 그러나 수험생이라면 수시 모집에서 고등학교 성적이 중요한 학생부 전형에 지원하고 이어서 수능에 응시하기 때문에 그전에 문해력을 길러 놓아야 한다. 문해력이 없으면 문제를 읽지도 못하고 아무리 공부해도 성적이 오르지 않는다.

문해력이 성공을 좌우한다

신언서판身言書判이라는 말이 있다. 이는 당나라 시대에 관리를 선발하는 기준을 말하는 것으로 몸가짐, 언행, 글, 판단을 말한다. 현대적으로 해석하면 신身은 몸가짐과 입성이 단정해야 한다는 말이다. 입성이 날개라는 말도 있듯이 '신'의 중요함은 더 말할 나위가 없다. '입성'은 용모에 해당한다. 언言은 언변을 말한다. 말에 조리가 있고, 전달하려는 뜻을 정확히 담아 말해야 한다. 조리 있게 말하지 못 하면 신뢰가 떨어진다. 서書는 글씨를 말한다. 백사장에 기러기가 앉은 듯한 모습을 평사낙안平沙落雁이라고 하는데, 고려 시대나 조선 시대와 같은 한자 문화 시대에는 글씨가 학식의 정도와 비례한다고 여겼었다. 과거에는 글씨 자체가 사람을 평가하는 중요한 기준이었지만, 현대는 글씨보다는 글의 내용과 내용의 설득력을 뒷받침하는 논거가 서의 주요 사항이다. 판判은 사물의 이치를 알아 판단하는 능력을 말하는데, 아무리 언변이 좋고 글을 잘 써도 개념과 원리가 얕으면 뛰어난 인물이라고 할 수 없었다. 이 신언서판 네 가지 요소 중 신을 제외한 언·서·판이 문해력에 해당한다. 현대사회는 말 잘하고 글 잘 쓰고 말과 글의 내용이 좋은 사람이 대우받는 사회이다.

한때 초·중·고 12년 공부에서는 좋은 성적을 받으면 우수한 학생으로 인정받았다. 초등학교에 입학하면 '보기 중에서 정답을 고르는 연습'을 하는 공부를 했다. 예외가 있다면 받아쓰기 정도인데, 이것도 자기 생각을 쓰는 것은 아니다. 지금은 초등학교에서 대체로 받아쓰기를 하지 않는다. 받아쓰기에 아이들이 국어 공부에 대한 흥미를 잃게 만드는 역효과가 있기 때문이다. 맞춤법이 틀릴까 봐 글을 쓰지 않으려 하는 모습을 종종 보곤 한다. 이는 국어 학습에 걸림돌이 된다. 그래서 아이가 부르고 엄마가 받아쓰는 역할 바꿈이 더 효과적이다. 아이가 어려운 어휘를 고르는 사이에 아이의 실력이 는다.

초등학교부터 고등학교까지 시험은 모두 선택형으로 이루어졌기 때문에 단어 하나도 쓸 필요가 없었다. 이런 문제를 해소하기 위해 대학에서는 논술고사를 보기도 했다. 논술고사를 부과해서 학생들이 학창 시절에 읽고 쓰는 공부를 하도록 유도하려는 것이다. 그러나 평소 글을 쓰지 않다가 고등학교에 와서 갑자기 논술을 하니 글솜씨가 날 리 없다. 이때 당연히 평소에 글을 많이 써본 학생이 두각을 나타냈는데, 어떤 학생은 평소 잘못한 게 많아 반성문을 많이 써서 논술을 잘 봤다는 개그인지 실화인지 구분이 안 되는 이야기도 있었다.

현대 공부는 수업에 학생이 참여하는 방식으로 이루어진다. 토론하고, 보고서를 쓰고, 발표하는 '생각 드러내기' 학습을 통해 사회생활과 학문 연구에 필요한 역량을 기른다. 그래서 성적이 좋다는 말 또는 공부를 잘한다는 말은 문해력이 뛰어나다는 평과 같다. 바야흐로 문해력이 떨어지는 사람이 성공하기 어려운 시대가 왔다. 선택형 시험은 점점 설 자리를 잃어가고 있다.

우리나라 문해력 교육의 실태

말하기와 글쓰기를 잘해야 한다고 하면, 선택형 시험인 수능을 잘 봐서 좋은 대학 가고 난 뒤에 글도 쓰고 말도 연습하면 되지 않겠느냐는 항변에 부닥친다. 물론 지금은 그럴 수도 있다. 현재의 입시는 수능 100%로 선발하는 정시 비중이 꽤 높다. 최상위권 대학은 40%를 수능 정시로 선발하는데, 수시에서 선발하지 못해 이월되는 인원을 포함한 50% 가까운 인원을 선택형 시험 결과로 선발한다.

그러나 서울대학교의 전형 계획은 '선택형 시험만 잘 보면 된다'는 생각에 경각심을 일깨운다. 서울대학교는 정시에서도 고등학교에서 무엇을 어떻게 학습했는지를 평가에 반영하겠다고 했다. 이렇게 되면 학교 공부의 근간인 읽고 쓰기를 소홀히 할 수 없게 된다. 또한 2028학년도 수능에는 서·논술형 문항을 도입하려는 움직임도 있다. 수능에 글쓰기가 포함된다면 텍스트가 주어지고 그 텍스트를 요약하거나 의견을 써야 한다.

선택형 시험 점수가 높아 대학에 가더라도 문제는 그다음이다. 대학에 입학한 뒤에는 스스로 책을 찾아 읽고 보고서를 쓰는 과정을 거치는데, 이미 훈련이 된 학생들에 비해 선택형 문제만 푼 학생은 학업 역량이 현저히 낮을 가능성이 크다. 수시 입학생에 비해 정시 수능 입학생의 학업 성적이 낮다는 통계 자료는 각 대학에서 지속적으로 제시되고 있다. 독서를 통한 말하기·글쓰기를 잘하는 학생의 공부와 이제 말하기·글쓰기를 시작해서 애를 먹는 학생의 대학 공부 모습은 상상으로도 그 차이를 가늠할 수 있다. 그러다 보면 대학 공부가 제대로 되지 않고, 취업 서류에서 좋은 성적을 받기 어려우며, 자기소개서도 대필해야 겨우 낼 수 있고 면접에서는 깊이 있는 대답을 하지 못해 고배를 마시는 일이 비일비재하다.

우리 교육은 이러한 맹점을 개선하려고 학생부종합전형을 도입했다. 학교생활기록부를 줄여 생기부 또는 학생부라고 하는데, 전형의 공식 명칭이 '학생부종합전형'인 만큼 '학생부'라고 하겠다. 학생부를 중심으로 한 대입은 고등학교 공부를 입시의 중심으로 돌려놓으려는 의도에서 시작되었다. 학생부의 교과 성적만 반영하면, 그 성적이 무엇을 측정해서 산출된 결과인지를 알 수 없으므로 학생부에 적힌 학습 내용까지를 고려해 성적에 반영하는 전형을 도입한 것이다.

그러다 보니 학교는 학생들이 독서를 바탕으로 발표하고 토론하고 보고서 쓰는 과정을 통해 학업 역량을 기르는 수업을 전개했고, 이에 잘 적응하는 학생이 좋은 성적을 받게 되었다. 서울대는 이 전형으로 75% 이상을 선발하였으니 바야흐로 말 잘하고 글 잘 쓰는 외향적 인재의 전성시대가 왔던 것이다. 그러나 정부는 대학 입학의 기회가 공정해야 한다는 취지에서 정시로 2018년에는 30% 이상을 선발하기로 하였고 2019년에는 40% 이상으로 상향하라고 대학에 강권했다. 이 정책이 말 잘하지 않고 글 잘 쓰지 않는 수험생의 도피처나 구원의 마당이 될 수 있지만, 대학 진학 후의 고난을 생각하면 선택형 수능 공부에 인생의 전부를 쏟을 일은 아니다. 인생의 목표가 대입 성공에 있는 것은 아니지 않나?

선택형 수능 시험은 외국에서도 찾아보기 어려워지고 있다. 일본의 대입 시험인 센터 시험과 중국의 대입 시험인 가오카오 시험에 형태가 남아있는데 이 시험마저도 개선되고 있다. 싱가포르만 해도 싱가포르-케임브릿지 GCE A-Level 시험을 보는데, 시험 과목이 '지식 기능Knowledge Skills' 과목과 '내용학Content-based subjects' 과목으로 나뉘어 있다. 지식 기능 시험에서는 비판적 사고력, 커뮤니케이션 능력, 협업 능력 등을 평가하는데, 서술형으로 자기 생각을 풀어나가는 시험이다. 내용학 시험은 과목형 시험인데 이 역시 선택형 문항만 있지는 않다. 선택형 문항과 서술형 문항 및 실험까지 포함하는 구성이라 단순 지식만으로 해결할 수 없다. 깊이 있는 학습이 이루어졌는지를 평가하는데, 역시 서술형으로 생각을 풀어나가는 것이 중요하다. 한 마디로 '글쓰기가 중요하다'로 요약할 수 있다.

서술형 시험으로 성적을 내는 외국 사례를 들자면 끝도 없다. 핀란드는 고등학교에서 보는 매 시험과 졸업 시험에 선택형 시험 문항이 거의 없다. 선택형 문항을 출제하면 안 되는 것도, 전혀 없는 것도 아니지만 비중이 아주 낮다. 졸업 시험은 일주일간 보는데 과목 당 거의 5시간을 본다. 한 과목을 5시간 본다면 서술형으로 아는 내용 다 쓰라는 것과 다를 바 없지 않을까? 핀란드 교육에서는 몰라서 못 쓴다면 어쩔 수 없지만 시간이 부족해서 못 쓰는 것은 죄가 아니라는 관점을 유지한다. 채점은 그 학교 선생님이 하는데 이 시험에서 떨어지면 대학에 진학할 수 없다. 고등학교 졸업을 못했기 때문이다. 서술형 시험의 채점에서 선생님에게 절대적 권한이 있다는 것이 서술형 시험을 유지하는 비결이다. 졸업 시험 외에 대학 입학 시험은 따로 있다. 핀란드 탐페레 시市의 칼레반 고등학교에 방문했을 때 3학년 위에 4학년이 한 학급 있었는데 이 학생들이 졸업을 못한 학생들이었다. 졸업을 못해도 부끄러워하지 않았는데, 우리나라로 치면 재수를 부끄럽게 생각하지 않는 것과 비슷했다.

이런 제도를 운영하는 다른 나라들과 비교하면 우리나라 교육과 시험이 문해력 교육과 평가를 크게 외면하고 있다는 것을 알 수 있다. 우리나라는 문해력 교육과 평가만 외면할 뿐만 아니라, 문해력을 기르는 학습은 오히려 명문 대학에 진학하는 데 방해가 된다고 여긴다.

수능에 서·논술형이 도입된다

우리도 선택형 수능 방식의 입시에서 벗어나야 한다는 목소리가 일어나고 있다. 2019년 가을에 학생·학부모의 간담을 서늘하게 하는 보도가 있었는데, 먼 미래의 이야기라고 여겨서인지 큰 반향을 일으키지는 않았지만 앞으로 수능시험에 서·논술형 문항을 도입한다는 내용이었다. 정부는 2019년 10월 23일부터 25일까지 '한-OECD 국제교육컨퍼런스'를 열었다. 이 행사는 '교육 2030, 함께 만드는 미래'를 표어로 '2030년 미래 우리 교육의 방향과 과제'에 대한 구상을 공유하고 토론하기 위해 마련되었다'고 한다. 2030년이라고 해봤자 먼 미래도 아닌데, 4차 산업혁명 및 인구절벽과 양극화 등 한국 사회의 문제를 해결하기 위해 교육 개혁은 시급한 과제로 이를 교육적으로 해결하기 위해 '역량 중심의 학습 혁명'을 하겠다고 했다.

2030 미래 교육 체제 방향(안)
· 살아가는 능력을 길러주는 역량 중심의 학습 체제
· 기본 학습 역량을 인간의 권리 수준으로 책임지는 교육
· 평생 학습 기회를 시민권으로 보장하는 교육
· 지식 수입에서 지식 창출로 사회·경제를 선도하는 교육

· 삶의 과정에 스며드는 '생태계형' 교육 시스템
· 시민을 교육 수요자에서 교육 주권자로 세우는 교육

위 사항 중 '살아가는 능력을 길러주는 역량 중심의 학습 체제, 지식 수입에서 지식 창출로 사회·경제를 선도하는 교육'은 선택형 문항에서 정답을 고르는 방식의 대입 제도로는 이루어질 수 없는 교육 체제이다.

좀 더 상세히 살펴보면, 살아가는 능력을 길러주는 역량 중심의 학습 체제는 '학습자가 필요한 분야의 지식을 융합하고 창출할 수 있는 역량을 갖추도록 지원하는 학습체제'라고 설명하고 있으며, '지식 수입에서 지식 창출로 사회·경제를 선도하는 교육'은 '선진국의 지식을 수입하는 교육에서 벗어나 도전을 장려하고 실패를 허용하는 교육 풍토를 만들어 첨단형 사회·경제로의 전환을 주도할 수 있는 지식 창출형 교육 시스템을 만드는 것'이라고 설명하였다.

이 컨퍼런스에서 핵심 인사인 안드레아스 슐라이허 OECD 교육국장은 교육과정에서 반복적 인지능력을 기르는 방식(같은 유형의 문제를 계속 풀어 틀릴 확률을 제로로 만드는 공부를 말한다. 수능 공부는 정확하게 이 방식과 같다)에서 복잡한 방식의 생각·행동, 집단적 능력을 기르는 교육으로 전환해야 한다고 제안했다. 향후 양극화가 심해지고 AI 기술이 확대되는 등 불확실성이 커질 세계에서, 학생은 자신과 세상의 긍정적 변화를 위해 목표를 세우고 성찰하며 책임감 있게 행동해 개인과 사회의 웰빙을 추구

해야 하는데, 이를 위해서는 학생의 자기주체성Student Agency 발달이 절실하다고 했다. 그런데 한국은 2015 개정 교육과정으로 창의적·자기주도적 인재 양성을 목표로 세우고 핵심 역량 개발에 노력 중이지만, 학습 효율성(학습 시간 대비 성취도)이 낮고 학교 자율성이 취약해 이를 극복해야 한다고 말했다. 또한 선택된 소수 학생만 수준 높은 학습을 시키는 학교 수업 방식을 모든 학생이 높은 수준의 수업을 받을 수 있는 시스템으로 개선할 필요가 있고, 정형화된 인지능력을 기르는 교육과정을 바꿔 복잡한 사고·행동 방식, 집단적 능력을 기르는 교육으로 전환해야 한다고 조언했다. 사회는 소수 엘리트 중심에서 모든 사람의 역량 발달이 중요한 사회로 변화하고 있다. 지식은 검색하면 되고 기술은 디지털화되어 빠르게 직업이 바뀌는 미래가 올 것이다. 즉, 컴퓨터가 할 수 없는 복잡한 사고·업무를 할 평생 학습자 양성에 교육의 초점을 두어야 한다는 것이다. 이와 같은 배경을 기반으로 컨퍼런스에서 김진경 국가교육회의 의장은 "중장기적으로 수능에 미래역량을 측정할 수 있도록 서·논술형 문항을 도입해 개선해야 한다."고 주장했다. 선택형 문제풀이 공부로는 인재를 양성할 수 없다는 생각에 동조한 것이다.

대학이 학생을 선발하기 위해 사용하는 자료를 전형 요소라고 한다. 이 전형 요소는 국가 또는 국가 단위의 공적 기관에서 전형 자료를 산출하는 방식, 대학이 대학별로 시험을 바탕으로 성적을 산출하는 방식, 고등학교에서 성적을 산출하는 방식으로 구성된다. 이 전형 요소가 현재는 수능, 논술, 학생부이다. 국가가 만들어내는 자료가 없으면 공정성 시비에 말릴 수 있다. 1960년대 초반까지 대학에 자율성을 주어 대학이 학생을 알아서 뽑게 했더니 입시 부정 문제가 발생했고, 그 결과 국가시험이 도입되었다는 점에서 알 수 있다.

그러나 국가시험은 표준화된 기준이므로 대학별, 전공별로 적합한 인재를 선발하기 어렵다. 대학에서는 이 문제를 해결하기 위해 국가시험 이외의 전형 요소를 제공하여 선발했다. 그런데 대학별로 다시 국·영·수 위주의 시험을 보고, 논술고사를 실시하는 것은 사교육을 확대하는 부작용이 있어 폐지하고 있으며, 학교에서 공부한 자료를 바탕으로 선발하는 학생부 위주 전형을 한 축으로 삼도록 권고했다. 결국 국가시험을 미래에도 적합하도록 개선하려다 보니 수능에 서·논술형 문항을 도입하겠다는 발표가 나온 것이다.

이러한 변화가 문해력을 대학입시라는 좁은 문을 자랑스럽게 통과하기 위해서 길러야 할 중요한 역량으로 끌어올렸다. 문해력은 대학입시에 필요한 주요 요소로서의 위상뿐 아니라 미래 사회를 살아나가는 데 꼭 필요한 역량이며, 모든 역량의 기본이다.

1짱

초등 공부머리를
기르는 문해력

4학년 유준이의 공부법

4학년이 된 유준이는 새 국어 교과서를 받고 예습을 할 겸 한번 들여다 보았다. 4학년 국어 교과서의 첫 단원은 '책을 읽고 생각을 나누어요'라는 제목이었는데, 3학년 때도 제목이 똑같은 단원이 있었다. 두 단원을 비교해 보니 큰 차이는 없었다.

'읽을 책 정하기'는 책 고르는 방법을 익히는 학습이다. 3학년 때에 강조했던 '자신만의 기준 만들기'가 4학년 때도 계속되고 있었다. 유준이는 한 달에 한 번 큰 서점에 엄마와 같이 가서 읽고 싶은 책을 사는데, 10월 에는 동화책을 한 권 골랐다. 보기보다 너무 쉽고 그림이 많아서 집에 있는 다른 책과 별로 다른 점이 없었기 때문에 후회했던 기억이 떠올랐다. '그래서 3학년 때는 표지와 그림을 살펴보고 내용을 예상해보라고 했는데, 4학년 때는 책의 차례와 글을 훑어보고 내용을 예상해보라는 것이구

3·4학년 국어 '책을 읽고 생각을 나누어요' 단원 비교

구분	독서 준비		독서		책 내용을 간추리고 생각 나누기	
3학년	읽을 책을 정하고 내용 예상하기	읽을 책 정하기	자신의 경험과 관련지어 책 읽기	읽기 방법 정하기	책 내용을 간추리고 생각 나누기	책 내용 간추리기
		표지와 그림을 살펴보고 내용 예상하기		경험과 관련지어 책 읽기		생각 나누기
						정리하기
4학년	읽을 책을 정하고 내용 예상하기	읽을 책 정하기	국어사전을 활용하며 책 읽기	읽기 방법 정하기	책 내용을 간추리고 생각 나누기	책 내용 간추리기
		책의 차례와 글을 훑어보고 내용 예상하기		국어사전을 활용하며 책 읽기		생각 나누기
						정리하기

나.'라고 생각했다. 확실히 4학년이 되니 좀 더 어른스러워진 느낌이다. 3학년 때는 표지나 그림을 중시했는데 4학년이 되니 차례를 보라고 하는구나. 그런데 어떤 책은 비닐로 포장되어 있었다. 그런 책은 차례와 글을 훑어볼 수가 없어서 궁금했다. '아마 그림이 많은 책이라 훑어보면 다 보게 되는 거라서 비닐로 포장을 한 거겠지.' 라고 생각해 엄마께 여쭈었다. 엄마도 같은 생각이라고 하신다. 그 책은 사지 않기로 했다. 나는 4학년이니까.

'읽기 방법 정하기'는 3학년 때와 같다. 나는 학교에서는 '번갈아 가면서 읽기'를 해보지만 집에서는 '혼자 소리 내지 않고 읽기' 방식으로 책을 읽는다. 그런데 가끔은 혼자서도 소리 내서 읽을 때도 있다. 글을 멋지게 소리 내서 읽을 수 있으면 배우가 될 때 유리하지 않을까 생각하고 있다. 낭독뿐 아니라 연극 대본도 소리 내서 읽어본다. 감정을 실어서 읽으면 진짜 드라마에 출연한 것 같이 느껴질 때가 있다.

3학년 때의 '경험과 관련지어 책 읽기'는 4학년 때에는 '국어사전을 활용하며 책 읽기'로 바뀌었다. 3학년 때 읽는 책은 대부분 주변에서 볼 수 있거나 들을 수 있는 이야기가 대부분이라 경험과 관련지어 읽으라고 했는데, 4학년이 되면 경험으로는 쉽게 알 수 없는 내용도 있으니 사전을 찾아가면서 읽으라는 말이라고 엄마가 말씀해주셨다. 그러고 보니 3학년 때 책에 나온 낱말은 사전을 찾아야 할 만큼 낯설지는 않았다.

'책 내용 간추리고 생각 나누기'는 3, 4학년이 같은 내용인데, 연습문제가 달라졌다. 3학년 때는 《별주부전》을 읽고 내용을 간추렸는데, 4학년 때는 《역사 속 인권 이야기》를 읽고 내용을 간추리는 것으로 어려워졌다. 3학년 때와는 달리 권리 보장, 평등 등 어려운 단어가 나온다.

더 넘겨보니, '책 내용 간추리기'가 나온다. 그림으로 내용을 간추리는 방법도 알려주고 있다. 그림으로 자료를 정리하는 법은 더 연습을 해야겠다.

중심 문장과 뒷받침 문장을 찾아 내용을 간추리는 활동은 3학년 때도 했었다. 3학년 때는 장승 이야기가 담긴 한 단락에서 중심 문장과 뒷받침 문장을 나누었는데, 4학년 때는 글이 더 길어졌다. 그래도 어렵지는 않다. 동물의 소리 내는 방식에 대한 글인데 전체를 아우르는 문단이 있고,

이어서 개나 닭의 경우, 매미의 경우, 물고기의 경우 등이 나열되고 마지막으로 마무리 단락이 있는 글이다.

수학 책을 열어보니 '큰 수'라는 단원이 있다. 0이 많은 숫자가 나온다. 6264500000000을 읽어보라고 한다. 이런 큰 수는 본 적이 없지만 어렵지는 않다. 수학은 수학대로 따로 공부를 해야 한다. 세 자릿수 곱하기 두 자릿수, 세 자릿수 나누기 두 자릿수 등을 배운다는 것을 알았다. 1학기를 마칠 때쯤에 '규칙 찾기'를 배울 것 같은데, 이 단원은 참 재미있어 보인다. 얼마 전에 삼촌이 퀴즈를 냈는데 규칙을 찾는 문제였다.

물음표 자리의 숫자를 알아맞히는 문제였는데 정답을 맞혀서 삼촌한테 칭찬 받고 선물도 받았다.

과학과 사회 교과서에는 긴 글이 없다. 대신 여러 실험이나 탐구 활동이 있는데 활동을 하면서 기억해야 할 것들은 잘 기억해 두어야 한다고 선생님도 엄마도 말씀하셨다. 공부를 하면서 관련된 책을 읽으면 좋다고 하시는데, 추천 도서를 중심으로 도서관에서 찾아 읽을 계획이다.

학교 홈페이지를 보니 학교에서는 독서 논술 및 글쓰기를 가르칠 계획이 있다고 한다. 4학년은 4학년에 맞는 글쓰기 교재를 별도로 만들어 아침 자습 시간에 책을 읽고, 독서록을 쓴다고 한다. 독서 체험 주간도 있는데, 1학기 말과 2학기 말에 각각 한 주를 정해 그 주에 독서대회와 독후감 대회를 하고 시상도 한다. 도서관에 많이 간 학생에게는 다독상도 준다.

4학년이 되면 1, 2, 3학년 동생들보다 더 어른에 가까워졌으니까 독서도 많이 하고 학교 공부도 열심히 하고 숙제도 잘 해가야겠다.

초등학생은 왜 문해력을 키워야 할까?

문해력 기르기와 관계가 깊은 과목은 국어 교과이다. 초등학교 입학 후, 효과적인 국어 생활을 돕기 위해 국어 교과는 한글을 읽고 쓸 줄 아는 단계, 점점 더 어려워지는 내용을 이해하는 단계, 글을 쓸 때 문장부호까지 사용할 줄 아는 단계를 거쳐 학습이 원활하게 이루어지도록 하는 단계까지를 담당한다.

특히 문장부호를 잘 사용할 수 있어야 글을 제대로 쓴 것으로 평가된다. 제대로 쓴 글은 문장부호로 완성된다. 그런데 요즘은 어른들도 SNS에만 글을 많이 쓰기 때문인지 마침표조차 생략하는 경우가 비일비재하다. 학습자인 어린이는 문장을 마치면 물음표뿐 아니라 마침표도 찍는 습관을 지녀야 한다. '저녁 먹었어?'에는 물음표를 찍는데 '저녁 먹었어.'에는 마침표를 찍지 않는 습관은 고쳐야 한다.

고학년이 되어도 국어 능력이 부족하면 효과적인 학습이 어렵다. 국어 공부의 가장 기본이 되는 능력은 문해력이다. 그래서 모든 학기는 독서 교육으로 시작한다. 책 고르기 전략, 책 읽기 전략, 독후 활동 전략을 학년별 수준에 맞게 학습하게 한다. 독서 학습이 필요한 이유는 두말할 필요 없이 자명한데 이 능력은 국어과 학습에서 기르게 된다. 즉, 국어는 모든 과목의 기본이므로 국어를 못하면 다른 공부도 못한다. 또한 국어 공부는 단순히 글자를 읽고 내용을 수용하는 단계에 머무르지 않고, 비판적이고 창의적으로 국어를 사용하는 훈련을 통하여 성공적으로 사회생활을 할 수 있도록 도와주는 역할을 한다.

그러므로 국어과에서는 우리말과 글을 효과적으로 사용할 수 있도록 체계적으로 교과 내용을 구성하고, 다양한 활동으로 학생들이 목표에 도달하도록 지도한다. 한편 국어과의 영역에서 글을 읽는 역량만 다루지는 않는다. 읽기 이외에도 듣기·말하기와 쓰기도 있고, 문법과 문학 영역도 있다.

문해력이 있다는 말은 이 모든 영역을 거쳐 언어와 문자생활을 원활히 한다는 뜻이다. 문자와 언어를 사용하는 능력의 모든 영역은 유기적으로 연결되어 있다. 문해력을 기르기 위해서는 모든 영역에 관심을 가지고 숙달되도록 노력해야 한다.

1~2학년의
공부머리 문해력 키우는 법

문해력 기르기의 첫걸음

문해력은 주로 읽기를 바탕으로 한다. 국가는 학년별로 도달해야 할 목표를 정해 교과서를 만들고 학습자의 학습을 이끈다. 과거에는 초등학교를 저학년과 고학년으로 나누어 고학년인 4학년이 되면 공부가 갑자기 어려워진다고 했다. 현재는 '학년군'이라는 개념을 도입하여, 1~2학년, 3~4학년, 5~6학년을 묶어 학생이 학습을 통해 도달해야 할 목표를 제시하고 있다. 국가 수준 교육과정 문서에서는 학습자가 도달해야 할 목표를 '성취 기준'이라고 하는데, 교과서나 자습서에서는 '성취 기준'이라고 하지 않고 '학습 목표'라고 한다.

한편 문해력은 주로 글말(문자)을 사용할 때 필요하지만 국어 생활에서는 글말보다 입말이 차지하는 비중이 높다. 문자보다 듣기와 말하기를 통해 의사소통하는 비중이 더 크다는 것이다. 특히 초등학교 1~2학년은 글을 읽는 데 서툴기 때문에 말하기 교육이 중심이 된다.

초등학교 1~2학년은 인사말과 감정을 표현하는 말하기 방법을 배운다. 선후가 있는 일에서 순서에 따라 말하기도, 자신 있게 말하는 연습도 한다. 말을 할 때 집중해서 듣는 연습도 한다. 바르고 고운 말을 사용하는 습관도 기르도록 한다. 아직 매우 어리므로 감정을 표현하는 말하기가 어렵고, 여러 친구 앞에서 자신 있게 말하기도 쉽지 않을 것이다. 나서면 잘난 척한다는 말을 듣고, 너무 소극적이면 시켜도 우물쭈물거릴 수 있다. 이런 부분은 초등학교 1학년을 담당한 선생님들이 잘 지도해주셔야 할 몫이다.

1학년 한글은 떼고 가야 하나?

조바심이 나는 이유는 한글을 초등학교 입학 2년 전쯤부터 가르치려고 하기 때문이다. 아이들 주변에 한글 간판과 출판물, 영상물이 많아 때가 되면 학교 가기 직전에는 많은 아이가 한글을 읽고 쓴다. 어절 단위로 칠판을 보고 공책에 쓸 수 있는 정도가 되면 걱정할 필요가 없다. 그래도 염려가 되면 1학년 교육과정을 보고 안심하면 된다. 1학년 1학기는 낱말 따라 쓰기부터 시작해 그림일기 쓰기 정도로 마친다. 수학 과목의 지시문이 문장으로 되어 있으니 한글을 떼고 가야 한다는 말도 하는데 이 역시 지시문은 선생님이 읽어주므로 걱정할 일이 아니다.

아이가 한글을 읽는 속도가 느려도, 쓸 때 맞춤법에 맞지 않아도 격려와 칭찬을 해야 자신감을 가진다. 읽는 속도는 4학년은 되어야 빨라진다.

1학년 교육과정은?

1~2학년의 주당 수업 시수는 주당 23시간이다. 이 시간 동안 아래 표와 같은 과목을 배운다. 수업 시간은 국어 시간이 가장 많다. 주당 6시간이므로 2시간 있는 날이 있다. 하루도 거르지 않고 한글을 깨우친다. 수학은 4시간이다. 바른 생활, 슬기로운 생활, 즐거운 생활은 통합교과로 1학기에는 봄·여름이라는 주제로 배우고, 2학기에는 가을·겨울이라는 주제로 배운다.

통합교과는 무엇인가?

초등학교 1~2학년의 통합교과인 바른 생활과 슬기로운 생활, 즐거운 생활 교과는 학생의 일상적인 생활 모습에 충실한 내용과 방식으로 교과 지식을 일상적으로 경험할 수 있도록 통합·조직한 것이다. 통합교과 교육과정은 통일된 대주제를 중심으로 세 교과를 상호 연계하며, 동일한 대주제를 활동 주제를 중심으로 각 교과의 특성이 드러나도록 구성한 것이다.

1학년 1학기에는 봄·여름 2학기에는 가을·겨울을 중심으로 통합적으로 배운다. 바른 생활, 슬기로운 생활, 즐거운 생활 과목이 합쳐진 내용으로 구성되어 있다. 바른 생활은 도덕 영역, 슬기로운 생활은 과학 및 사회 영역, 즐거운 생활은 체육·예술 영역일 것으로 이름만으로도 알 수 있다.

교과\n학년	국 어	수 학	통합교과			창의적\n체험활동	안전한\n생활	계
			바 른\n생 활	슬기로운\n생 활	즐 거 운\n생 활			
1	6	4	2	2	5	3	1	23
2	6	4	2	2	5	3	1	23

요일별로 4교시 또는 5교시인 날이 있다. 5교시를 마치고 학교에서 돌아온다. 5교시를 하니까 점심시간이 있다. 4교시를 마치는 날도 점심시간은 있다. 아이는 매일 학교 급식을 먹고 집에 온다.

학년군	월	화	수	목	금	주간 시수 계
1~2학년군	4	5	5	5	4	23

그 이전에는 느리고 띄어 읽기도 잘하지 못한다. 쓰기는 손힘이 생기면 또박또박 쓰기 시작한다. 역시 무슨 말인지 알아볼 정도로 쓰면 칭찬해서 자신 있게 쓰도록 해야 한다. 시간이 해결해줄 문제이므로 칭찬해서 읽고 쓰게 하는 길이 스트레스를 주는 방법보다는 효과적이다.

2021년 1월 11일 tvN의 〈슬기로운 생활〉 프로그램에 읽고 쓰기가 뒤처진다는 초등학교 1학년인 손주희 어린이가 방송을 탔다. 나는 이 방송에서 해결책을 제시하는 역할을 맡아 출연했다. 주희 어린이는 공부보다는 춤추기를 좋아했고 유튜브 크리에이터가 되고 싶어 했다. 엄마는 공부를 아주 잘하기를 기대하지는 않지만 할 공부는 했으면 좋겠다고 말했다. 아이는 공부를 하는 척은 하지만 수시로 동영상에 눈길을 줬다. 글쓰기도 맞춤법에 맞지 않게 쓰는 것이 사실이었다. 그러나 손에 힘이 있어서 글씨를 또박또박 쓰고 선도 반듯하게 잘 그었다. 읽기도 더듬거리지 않고 잘 읽었다. 연기학원에 다녀 대본 정도는 읽었다. 나는 일단 엄마에게 아이가 맞춤법 틀리는 것을 인정하고 받아들이라고 조언했다. 엄마도 그 나이에 혼나가면서 구구단을 외우고 맞춤법을 익혔을 텐데 지금은 기억하지 못할 뿐이다. 아이는 2, 3학년이 되면 읽고 쓰기에 익숙해질 것이다. 받아쓰기를 시키고 혼내기를 반복하면 아이는 받아쓰기 자체를 싫어하게 된다. 역할을 바꿔서 아이가 부르고 엄마가 받아쓰기를 하면 아이가 책을 꼼꼼하게 읽고 어려운 어휘를 눈으로 익힐 것이다. 책을 읽으면서 엄마를 골려주기 위해 골똘히 생각했으니 기억에도 영원히 남을 것이다. 그러면 독서와 국어 공부를 한꺼번에 잡을 수 있다. 녹화하는 내내 아이에게

"괜찮아, 잘했어."라고 이야기해주고 녹화를 마치고 나오는데 아이의 표정이 밝아졌다. 주희와 하이파이브를 하고 나오는 내 마음도 가벼워졌다.

초등학교 입학할 때의 유의 사항

교육 버라이어티 관찰 예능 〈공부가 머니?〉에서 초등학교에 입학하는 자녀가 있는 부모를 위한 질문을 해왔다.

Q. 초등학교 입학을 앞둔 학부모들이 꼭 알아야 하는(챙겨야 하는) 3가지가 있다면?

A. 태도, 관계, 학습, 이 세 가지에 유의하면 된다.
- 태도: 시간 지키기. 바른 자세로 앉아있기. 고운 말 쓰기, 자존감 있는 태도.
- 관계: 친구와 어울리기. 친구 칭찬하기. 선생님과 좋은 관계 맺기.
- 학습: 지나친 선행 금지(실패와 연결될 수 있음). 독서를 통한 한글 익히기. 공부에 대한 흥미 유발.

Q. 초1 맞춤 공부법이 있다면?

A. 문해력과 수리력이 중심이다. 나머지는 주변 생활을 관찰하면서 세계를 이해하는 활동들로 그리 어렵지 않다.
- 문해력: 독서가 중요함. 그림이 많은 책. 1학년에 어울리는 책.
- 수리력: 일단 어렵지 않으므로 흥미를 잃지 않도록 해야 함.
- 기타: 흥미를 가지는 영역을 넓혀주면 스스로 공부할 수 있게 됨. 자존감이 있으면 줄넘기를 못해도 절망하지 않음.

Q. 예비 초등학생은 어떤 두려움이 있고, 무엇을 가장 어려워할까요?

A. 초등학생 사회도 어른 사회의 축소판 같다. 실패를 두려워하고, 친구의 비난을 두려워한다. 그런데 초등학생이 되면 문제를 혼자 해결해야 한다. 유치원 시절에는 부모나 유치원 선생님이 문제에 개입해서 해결해주지만 초등학생이 되면 스스로 해결해야 한다.

Q. 스스로 시간을 관리하게 하는 법이 있을까요?

A. 간단한 계획표를 만들어 실천하게 하는 방법이 좋다. 그러나 시간 관리보다 더 중요한 것은 자기관리 능력을 기르는 일이다. 전반적으로 아이가 자기를 관리할 수 있게 하면 시간 관리도 한다. 준비물을 스스로 챙기는 등 등교 준비를 마친 다음 잠자게 하고, 아침 먹고 바로 가방 들고 나서게 하면 좋다. 준비물 빠진 것 있는지 일일이 챙겨주지 말고 스스로 확인하게 해야 자기를 챙긴다. 엄마가 챙겨주면 아이는 자기관리를 하지 않는다. 공부도 엄마가 미리 챙겨서 잘할 수 있게 만들어주면 더 잘하는 아이를 만났을 때 절망한다. 아이 스스로 호기심에서 이것저것 관심을 갖고 찾아볼 수 있게 내버려둬야 한다.

Q. 발표력을 키우는 방법도 있을까요?

A. 발표력은 지속적으로 말을 시키면 향상된다. 학교에서 무엇을 했는지를 물어보고 자세히 대답하도록 하는 일, 책을 읽고 줄거리를 구연하게 하는 일, 친구와 있었던 일 등을 자세히 말하게 하면 발표력이 늘어난다. 부모 앞에서는 핀잔을 받을까봐 꺼리는 아이가 많다. 이때는 카메라 앞에서 방송에 나오는 사람처럼 가정하고 놀이로 하면 재미있게 할 수 있다. 내성적인 아이도 방송 놀이는 잘한다. 한편, 학교에서 배운 것을 말하게 시키는 일도 도움이 되지만, 초등학교 1학년은 말할 정도로 배운 내용이 없어 오히려 역효과가 날 수 있다는 것에 유의해야 한다. 요즘은 학생 수가 적어서 수업 중에 발표할 일이 많다. 이때 발표에 잘 참여하면 좋은데, 이것은 선생님 몫이다.

3~4학년의
공부머리 문해력 키우는 법

3~4학년이 되면 공부가 갑자기 어려워진 느낌이 든다. 대화를 하고, 회의를 하며, 인과 관계를 중심으로 말하기, 요약하며 듣기 등을 배운다. 이때 예의 바르게 듣고 말하기도 배운다.

3학년 교과서에는 예시한 상황에 맞는 표현을 고르는 활동도 있다.

활동하기

장면 1

선생님: 수현이가 교실에 들어오면 좀 오라고 하렴.
훈민이: 네.

장면 2

훈민이가 수현이에게 전달하는 말

㉠ 선생님이 너 오래.
㉡ 선생님이 너 오시래.
㉢ 선생님께서 너 오라셔.

(1) ㉠~㉢ 가운데에서 훈민이가 수현이에게 선생님 말씀을 전하여 사용해야 할 높임 표현은 무엇인가요?

(2) (1)에서 고른 높임 표현이 알맞다고 생각하는 까닭은 무엇인가요?

고등학생이 되어서도 '선생님이 너 오시래.'와 같이 사용하는데, 초등학교 3학년이 이 문제의 답을 알까? 더구나 이 높임 표현이 알맞다고 생각하는 까닭이 무엇이냐고 묻는 대목에 오면 자습서가 보고 싶어질 것이다. 답을 만들어낼 자신이 없다. 초등학교 3학년, 열 살짜리 어린이는 어떤 대답을 할까? '오라셔'는 '오라고 하셔'의 준말인데 오는 것은 '너'이므로 '오라고'가 맞고, 말씀하신 분은 선생님이므로 높임이 포함된 '하셔'가 맞다고 해야 하는데 초등학교 3학년 아이는 이 말을 정확하게 할까?

그뿐 아니라 일상에서 어른도 잘못 사용하고 있는 높임의 방법이 여러 상황에서 예시로 나오고 바로잡으라고 한다. 아이는 이제 열 살, 열한 살이 되었는데 말해야 하는 수준은 어른과 별 차이가 없다.

알아보기

저기 진호가 간다.
저기 선생님께서 가신다.

– '께서'로 높이고 '시'로 또 높인다.

상우가 동생에게 줄 선물이야.
상우가 어머니께 드릴 선물이야.

– '께'로 높이고 '줄'을 '드릴'로 바꿔 높인다.
– 높임에 쓰는 단어가 있음을 알고 실제로 잘 사용할 수 있어야 한다.

주다/드리다, 데려가다/모셔가다 등은 부사어나 목적어에 따라 달리 사용한다. 이 경우를 두고 객체높임법이라고 한다. 객체란 동작의 영향이 미치는 대상(사람)을 말한다. 즉 '주다/드리다'의 영향을 받는 사람은 동생이나 어머니이다. 이 때 어머니를 높여야 하므로 주다를 쓰지 않고 드리다를 쓴다.

자다/주무시다, 먹다/잡수시다, 죽다/돌아가시다 등은 주어에 따라 달리 사용한다. 이 경우는 주체높임법이라고 한다. '상우가 잔다./할아버지께서 주무신다.'와 같이 주어에 따라 사용하는 어휘를 달리 한다.

교과서는 활동 중심으로 편찬되어 있다. 다음과 같은 활동들이 있고, 그 활동을 통해 알 수 있는 내용을 정리하도록 하고 있다.

맞는 표현을 골라봅시다.

어머니, 오늘은 출근 안 (하나요, 하시나요)?
할아버지(가, 께서) 오셨어.
할아버지, (밥, 진지) 잡수세요.
할머니, (물어볼, 여쭈어볼) 것이 있어요.
이 신발이 요즘 인기 있는 신발(이에요, 이세요).

국어 4-1(가)는 4학년이 되자마자 배우는 과목이다. 이 과목의 시작은 '책을 읽고 생각을 나누어요' 단원이다. 단원의 차례는 다음과 같다.

'읽을 책을 정하고 내용 예상하기(읽을 책 정하기, 책의 차례와 글을 훑어보고 내용 예상하기) ⇨ 국어사전을 활용하며 책 읽기(읽기 방법 정하기, 국어사전 활용하며 책 읽기) ⇨ 책 내용을 간추리고 생각 나누기(책 내용 간추리기, 생각 나누기, 정리하기)'

독서 지도를 할 때 중요한 요소로 지적하는 모든 것이 이 단원에 실려 있다.

활동에서는 책을 잘 고르지 못해 아쉬웠던 경험을 이야기해보도록 권하고 있다. 책을 잘 고르지 못한 경험은 스스로 선택하는 역량을 기르는 데 중요한 역할을 한다. 서점에 가서 책을 구입할 때, 잘 선택하지 못한 적이 있다면 다음에 고를 때는 더 신중하게 생각하고 자신의 행동에 책임을 지려는 의식이 강화된다.

참고로 이때 엄마가 아이가 고른 책에 대해 그건 네 나이에 어울리지 않는다든가, 너한테는 이 책이 더 좋겠다든가 하는 말로 아이의 선택을 방해하면 아이는 뭔가를 고를 때는 엄마를 한 번 바라보게 된다. 그러는 사이 아이는 선택역량이 떨어지고, 사사건건 엄마에게 의존하고, 선택하지 않으므로 머리를 쓸 일이 없어진다. 결국 엄마는 바쁘고 아이는 늘 생각이 없는 한가한 사람이 된다. 선택을 하고 나서 스스로 평가하고 반성하도록 하는 것이 장기적으로 좋은 전략이다. 그러기 위해서 잘못 고르더라도 한두 번은 모른 체하고 넘어가 주는 것이 가장 상책이다.

이어서 책 고르는 방법을 알아보자. 평소 관심이 많았던 분야의 책인지, 어떤 내용을 담은 책인지, 책을 펴서 읽은 부분이 잘 이해는 되는지, 어느 한 쪽을 펴서 보았을 때 보이는 낱말이 이해하기 쉬운지 등을 기준으로 책 고르는 방법을 생각해본다. 어디서 고를지, 누구와 같이 읽을 책을 고르는 것인지, 혼자 읽을 책을 고르는 것인지 등 상황에 따라 책을 고르는 방법도 알아보게 한다.

책의 차례를 보거나 내용을 훑어보고 내용을 예상하도록 하는 활동이 이어진다. 독서는 많은 시간이 소요되는 작업이다. 시각 자료는 한번에 전체 내용을 볼 수 있지만 책은 지금 읽고 있는 부분을 넘겨야 다음을 알수 있다. 그래서 책을 읽을 때는 차례나 일부 내용을 바탕으로 내용을 예상하고 읽어야 능동적으로 읽을 수 있다. 내가 예상한 내용과 같다면 동조하면서, 내가 예상한 내용과 다르다면 따져가면서 읽을 것이다. 차례 등을 보고 책의 내용을 예상하며 읽는 훈련의 결과는 학년이 올라가고 학교급이 바뀌어도 중요한 자산으로 남는다. 시집을 선택할 때 차례를 훑은 뒤 시집을 읽으면 칭찬 받을 수밖에 없다. 예상하면서 읽는 독서 전략을 잘 알고 있다는 표시이기 때문이다. 시집을 읽을 때뿐만이 아니다. 대학교재에도 책을 고르는 방법으로 모든 경우와 내용을 예상하며 읽는 방식이 실려 있다.

이어지는 단원은 '국어사전을 활용하며 책 읽기'이다. 사전은 인터넷에서 국립국어원 누리집에 있는 표준대사전을 검색하는 것이 가장 정확하지만, 4학년 어린이라면 종이사전을 보는 쪽을 권장한다. 한 낱말을 찾으면서 다른 낱말도 같이 볼 수 있기 때문이다. 온라인 사전에서 '변방'이라는 단어를 찾으면 '중심지에서 멀리 떨어진 가장자리 지역' 등 동음이의어만 보이지만, 종이사전을 찾다 보면 근처에 '변발'이 보이고 그 뜻이 '몽골인이나 만주인의 풍습으로, 남자의 머리를 뒷부분만 남기고 나머지 부분을 깎아 뒤로 길게 땋아 늘임. 또는 그런 머리.'라는 것도 볼 수 있다. 아이들은 기억력이 좋으므로 사전에 있는 해설을 그대로 기억한다. 어휘력이 부족하면 공부가 늘지 않는다. 그래서 사전을 보고 기억하고, 어려운 어휘는 단어장에 기록해두고 복습해야 한다.

새로운 어휘는 국어 과목에 국한되지 않고 사회와 과학에서도 쏟아진다. 같은 시기 과학 책에는 '측정할 때는 대상을 측정하기에 알맞은 도구를 선택하여 올바른 방법으로 사용해야 합니다. 액체의 부피를 측정할 때는 눈금실린더, 물체의 무게를 측정할 때는 저울을 사용합니다.'와 같은 문장이 보인다. 우선 '측정'이라는 단어를 알아야 한다. 사전을 보면 '일정한 양을 기준으로 하여 같은 종류의 다른 양의 크기를 잼'이라고 설명해 놓았다. 이 말이 이해가 되지 않으면 누군가에게 물어봐야 한다. 더 이상의 해설은 없다. '일정한 양의 기준'은 저울 눈금이고 '같은 종류의 다른 것'은 재려는 대상을 말한다고 이해했으면 우리말 실력이 좋은 어린이다. '알맞은'이 맞고 '알맞는'은 바르지 않다는 것을 알 나이가 되었다. 이 정도는 틀리지 않게 써야 한다. 눈금실린더라는 이름도 기억해야 한다. "액체의 부피는 무엇으로 측정하지?"라는 물음에 "눈금이 그려진 유리병이에요."라고 하면 사고가 성긴 것이다. 차단기라는 어휘를 몰라서 '차가 지나가지 못하게 막은 막대기'라고 이야기하면 사고가 성겨서 깊이가 없음이 드러나는 것과 같다. 사고의 정밀함은 어휘와 관계가 깊다.

사회 과목도 만만하지 않다. '지금까지 가장 오래된 지도로 알려진 것은 고대 메소포타미아 문명의 점토판 지도입니다.'와 같은 설명이 4학년이 되자마자 나온다. 메소포타미아도 낯설고 점토판이 무엇인지 모른다면 수업에서 낙오하기 시작한다.

다시 국어로 돌아가면, 책을 다 읽은 후에는 독후 활동이 이어진다. 4학년에서는 '책 내용을 간추리고 생각 나누기'를 하자고 한다. 이 이야기는 우리의 독서 종착역에서 만날 상황의 시작을 알려준다. 우리 문해력의 종착역에는 '책을 읽고 A4 용지 10매로 간추린 뒤, 핵심 질문 두 개를 만들어 붙이기'가 기다리고 있다. 그 시작이 초등학교 4학년 국어 교과서에 있다.

문해력을 기를 때 꼭 기억해야 하는 점이 있다. 과학과 사회 교과서에 많은 개념이 담겨 있고, 그 개념 어휘를 빠짐없이 기억해야 한다는 것이다. 과학 책에는 물리학, 생명과학, 화학, 지구과학의 기초 지식이 고르게 들어있고, 그 지식을 나타내는 말과 새로운 사물을 나타내는 말들로 가득 차 있다. 그런데 이 시기에 국·영·수에만 집중하면 아이는 배경지식이 떨어지기 시작한다. 반대 상황도 문제가 된다. 국·영·수를 소홀히 하면 상식은 많은데 더 어려운 상황에 적응하지 못해 상급 학년이 될수록 어려움을 겪는다.

5~6학년의
공부머리 문해력 키우는 법

5학년 1학기 국어(가)도 역시 독서로 시작한다. '독서 준비'에서는 도서
관에서 책을 고르는 연습을 하고 책을 즐기면서 읽는 방법을 배우고, '독
후 활동'으로 읽은 책 내용 간추리기, 생각 나누기, 정리하기 등의 활동을
한다. 5학년은 주로 문학작품 읽기 공부를 한다. 5학년 아이라면 장편 동
화가 제격이다. 시는 단박에 읽을 수 있다. 그러나 동화는 시간이 걸린다.
단행본 길이이기 때문이다. 시간이 걸려도 꾸준히 읽으면 저절로 장면을
떠올리면서 읽기, 상상하며 읽기 능력도 같이 성장한다. 예를 들어 이순
신 위인전을 읽었다면 거북선을 떠올리고, 조선 시대 사람들이 살던 집
모양도 상상해보고, 이순신이 들고 있는 칼 모습도 상상해가면서 읽는 것
이다. 그러다 일본이 전쟁을 걸어온 이유가 궁금하면 자료를 찾아보고,
마침내 자기주도학습으로 이어진다.

1학기를 마칠 때쯤에는 읽는 방법을 공부한다. 독서를 할 때 정독이 좋은지, 다독이 좋은지, 발췌독은 좋지 않은지, 속독은 독서 효과가 없는지 등에 대한 답을 얻는 공부를 하는 시간인데, 답은 '상황에 맞게 읽는다'이다.

2학기에 또 독서 단원이 나온다. '질문하며 읽기'와 '비판하며 읽기'라는 어려운 과제를 만난다. 교과서에는 '책을 비판하며 읽으려면 어떻게 해야 할까?'라고 묻고 '선입견, 과장, 왜곡이 있는지 생각하며 읽어야 해.'라고 답하는 장면이 들어있다.

6학년 2학기가 되면 지금까지 배운 독서 교육을 종합해서 점검하는 시간을 갖는다. 누구와 읽을지를 정하기, 책을 고르는 다양한 기준을 알아보기가 시작이다. 이어지는 '책 읽는 목적 확인하기'는 책을 읽을 때는 늘 '왜'라는 질문을 하면서 읽으라는 충고로 이어진다. '나는 이 책을 왜 읽는 거지?'라는 질문을 하면서 읽어야 책에서 알고 싶은 내용을 찾아낼 수 있기 때문이다. 다음은 '책 읽는 방법을 종합하여 생각하기'다. '다른 책 또는 작품과 관련지어 읽기, 내용을 짐작하며 읽기, 질문하며 읽기, 책의 구조를 생각하며 읽기, 꼼꼼히 따져가며 읽기' 등의 방법은 어른이 되어서도 잊지 말아야 할 방법들이다.

아이가 학교 공부를 하면서 문해력을 기르려면 독서 수업을 할 때 하라는 대로 잘 따라하고, 수업 밖에서 책을 읽을 때 배운 방식으로 읽는 연습을 해야 한다. 그런데 6학년이 되면 이미 국어의 어휘는 어른 못지않게 어려워진다. 그래서 모든 과목에 나오는 어휘를 잘 익혀두어야 한다.

이것만큼은 반드시 해야 한다
: 초등 문해력 공부법

학년 수준에 맞는 공부하기

자기 수준에 맞는 책을 읽다 보면 좀 더 어려운 책을 읽을 수 있다. 그런데 수학이나 영어 과목은 선행학습을 하지 않으면 내 아이만 뒤떨어진 것 같은 불안감이 든다. 수학, 영어는 약간의 예습으로 학교에서 무엇을 배울지를 확인하는 수준만 공부하면 되고, 학습 뒤 깊게 복습하면 된다. 중요한 것은 시간을 아껴서 공부의 바닥을 다져야 한다는 점이다. 피라미드 바닥이 넓을수록 탑이 높아지는 것과 같이, 지금의 공부는 전문적 지식을 깊이 알면서도 인근 학문 세계를 두루 잘 알고 다른 분야의 전문가들과 협력하는 능력을 기르는 것이 목표다. 문·이과 통합의 시대가 왔다는 말은 넓게 공부해야 한다는 뜻이다.

그리고 책을 잘 읽어내기 위해서는 배경지식이 많아야 한다. 배경지식이 적으면 같은 책을 읽고도 습득하는 내용이 적다. 그래서 사회, 과학 지식이 필요하다. 거꾸로 사회, 과학 관련 책을 읽으려면 문해력이 필요하다. 전문적 배경지식과 문해력 둘은 독수리가 날아가는 두 날개며 동전의 양면이다.

글쓰기

아이는 어른처럼 글씨를 빠르게 쓰지 못한다. 초등학교 고학년이 되어도 빠르게 글씨를 쓰기는 어렵다. 글씨 쓰기도 단계가 있다. 각 단계에서 아이가 잘하고 넘어가면 다음 단계가 쉽다.

줄 긋기

유치원 단계에서는 줄 긋기를 한다. 직선과 곡선, 원을 그린다. 그 안에 색을 채워넣기도 한다. 색칠 놀이가 아니고 색칠 공부인 이유가 여기에 있다. 글씨를 잘 쓰기 위한 기초 작업에 해당한다. 그림을 그릴 때 그날 가장 인상 깊었던 것, 보았던 것 중에 기억에 남는 것을 그리다 보면 관찰력이 좋아진다. 동물이든, 식물이든, 장난감이나 풍경이라도 상관이 없다. 기억에 남는 장면이기만 하면 된다. 쓴다는 것이 중요할 뿐이다.

보고 쓰기

초등학교에 들어가면 선생님이 한 칠판 필기를 따라 적어야 할 때가 있다. 아이가 문장을 읽고 다시 보지 않고도 한 문장을 공책에 옮겨쓸 수 있으면 좋겠지만 아직은 거기까지 미치기는 어렵다. 몇 개의 낱말을 기억해서 안 보고 쓸 정도까지는 연습을 해야 한다.

보고 쓰기 단계에서의 필사를 고학년이 되어서도 계속하면 문장력이 좋아진다. 눈으로 읽기와 글로 쓰면서 읽기에는 큰 차이가 있다. 베껴 쓰기를 하면 눈으로 읽을 때보다 글을 꼼꼼히 읽게 된다. 또한 모든 시험은 손 글씨로 답하므로 손 글씨 연습을 해야 하는데, 베껴 쓰기는 손 글씨 연습에 제격이다. 단점은 시간이 걸린다는 것과 아무 생각 없이 베껴 쓰기만 하면 사고력이 늘지는 않는다는 것이다. 그래서 문장 수준이나 그 이상 수준을 단숨에 읽고 생각하고 베껴 써야 문해력과 문장력이 늘어난다. 아이가 베껴 쓸 때 부모님도 같이 하면 아이가 보고 배운다.

원고지에 둘이서 같은 글을 베껴 쓰면 매 쪽 끝 글자가 일치한다. 일치하지 않으면 누군가는 띄어쓰기가 틀린 것이다. 엄마와 아이가 놀이로 해 보아도 좋고, 친구 둘이서 베껴 쓰도록 한 뒤에 다 맞은 아이에게 상을 주어도 좋다. 1,200자 정도의 글을 둘이 같이 베껴 쓴 뒤 일정한 자리에 일정한 글자가 써졌는지 비교하는 놀이를 하면 아이가 띄어쓰기에 민감해진다. 물론 내용을 잘 알게 되는 것은 기본이다.

듣고 쓰기

낭독하는 이야기를 듣고 옮겨 쓸 수 있어야 한다. 듣고 쓰기 단계인데, 느리게 읽어주는 동화책을 듣고 쓰거나, 동시를 듣고 쓰다 보면 맞춤법에도 관심을 갖게 되고 글씨 쓰는 속도도 빨라진다. 이 단계의 연습을 해야 강의를 들으면서 빨리 요약해서 쓰기, 토론할 때 녹취록 쓰기 등 듣고 정리하는 작업을 잘 할 수 있다. 온라인 강의를 들으면서 공책에 쓰는 연습을 꾸준히 하다 보면 실력이 늘어난다.

이와 관련해서 몇 학년까지 책을 읽어주는 것이 좋은지 질문을 많이 한다. 초등학교 1, 2학년 때까지는 책을 읽어주어야 하고, 4학년까지도 책을 읽어주면 경청하는 연습에 도움이 된다. 시간이 허락할 때 아이를 앉혀 두고 책을 읽어주는 것은 성장을 해서도 많은 의미가 있다. 이때 다 읽어주고 나서 무엇을 들었는지를 짧게 말하도록 시켜보면 아이가 더 집중해서 듣는다. 단답형으로 답하면 이어서 추가 질문을 해야 한다. 한편, 너무 강요하면 아이는 책 읽어주려고 할 때 회피할 것이다. 책을 읽어주려면 듣는 일을 아이가 즐겨야 한다. 그래서 강도와 흥미를 조절해가면서 읽어주는 전략이 필요하다.

읽고 요약하기

수능이라면 A4 한 장에 한 단락쯤 더 있는 글이 나온다. 각 단락에 중심 문장과 핵심어 등에 줄을 치면서 읽고, 글을 다 읽고 난 뒤에는 글의 내용을 전부 기억해서 질문에 답해야 한다. 공책이 아닌 머릿속에 요약한 뒤에 문제를 푸는 것이다. 수능은 보기 중에서 답을 선택하는 형태지만 교실 상황에서는 자신이 읽은 글을 자신의 손으로 요약해서 쓴다. 연습하는 방법은 다음과 같다. 신문 칼럼 정도의 글을 반으로 요약하고, 그 요약한 글을 다시 반으로 요약한다. 이처럼 읽고 요약하는 훈련을 하면 정확하게 빨리 읽고 요약해서 쓸 수 있는 단계에 이른다. 이 정도까지 잘하면 문해력 달인이 된다.

1993년에 개봉한 로버트 레드포드 감독의 영화 〈흐르는 강물처럼〉은 지금도 플라이낚시하는 장면의 영화 포스터를 종종 볼 수 있어 가깝게 느껴진다. 영화에서 아버지가 아들을 홈스쿨링 시키는데, 공부의 대부분이 글을 반으로 요약하고, 이를 검사한 뒤 다시 반으로 요약하는 방법으로 이루어진다. 그렇게 공부한 큰아들 노먼은 나중에 변호사가 된다. 요약이 공부의 기본이 된다는 것을 보여주는 영화의 한 장면이다.

공부머리와 문해력을 키우는 습관

○ **게을러지기**

아이가 당장 잘하지 못하더라도 자꾸 시켜야 하고, 도와주지 말고 기다려야 한다. 도와주면 엄마 실력이 늘고 아이 실력은 늘지 않는다. 단 나중에 반드시 완수했는지 꼭 확인해야 한다. 숙제 검사를 하지 않으면 숙제를 하지 않는 습관이 생기는 것과 마찬가지다. 스스로 잘 할 때까지 지속적으로 확인해야 한다.

○ **낚시하듯 밀고 당기기**

아이를 확 당기면 도망간다. 아이와 소통도 멀어진다. 적절한 성취 압력을 넣어야 하며 적당한 여백을 두어야 한다. 성취 압력이 크면 아이는 공부를 지겨워한다. 너무 압력을 넣지 않으면 아이는 아무것도 안 해도 되는 줄 알고 학습 성취도가 낮아진다. 현재 아이는 행복할지 몰라도 나중에는 자존감이 떨어져서, 혹은 뭘 몰라서 친구와도 멀어진다. 아이도 친구 부모와 비교하면서 자기 부모가 어떤지를 알고 있다. 부모는 적절하다고 생각하지만 적절하지 않을 때가 많으므로 자신을 되돌아볼 필요가 있다.

○ **단호하게 나무라기**

아이와 공부를 할 때는 계획을 세워서 계획만큼 했으면 그다음은 놀게 해야 한다. 틀에 박힌 공부보다 아이가 마음대로 하는 놀이가 아이의 창의성을 기를 수 있다고 믿어야 한다. 그런데 계획보다 덜 했는데 아이가 게으름을 부리거나 과제를 하지 않았다면 단호하게 나무라야 한다. 한번 용서는 계속 용서로 이어진다.

○ 당근과 채찍

작은 변화에도 큰 감동을 받은 것처럼 칭찬을 해주어야 한다. 아이는 부모가 반응을 하지 않으면 노력을 덜 한다. 책을 읽고 자기 생각을 말할 때 아이가 좀 더듬거리더라도 자기 생각을 잘 말했다고 칭찬하면 아이는 다음에 더 잘하려고 노력한다. 부모의 반응이 아이에게 형식적으로 보이면 아이는 노력을 안 할 수도 있다.

○ 훌륭한 멘토

책 《1만 시간의 법칙》에서는 어떤 일이든 1만 시간을 노력하면 전문가가 될 수 있다고 말한다. 한편 《1만 시간의 재발견》에서는 전문가가 멘토 역할을 해주지 않는다면 전문가가 될 수 없다고 말한다. 전문적인 코칭을 받아야 성장한다는 것이다. 아이의 문해력을 높이기 위한 활동, 독서 등의 방법도 해당 학년에 따라 다르므로 학교의 도움을 받는 것이 최선책이다. 학교가 가장 좋은 멘토다. 모든 코칭보다 아이가 뛰어나다면, 그때 가장 훌륭한 멘토는 자기 자신이 된다.

○ 분명히 알기

독서 후 내용을 말로 잘 설명할 수 있다면 분명히 아는 것이다. 분명히 아는 상태가 되기 전까지는 아는 척하는 단계이므로, 이 단계까지만 공부하면 얼마 지나지 않아 다시 모르는 상태가 되거나 다른 상황에 적용하지 못하는 죽은 지식이 된다. 뿐만 아니라 문해력 자체가 길러지지도 않는다. 이렇게 잘 알지 못하면서 알고 있다고 생각하는 것을 두고 인지심리학에서는 '설명 깊이의 착각'이라고 한다. 설명을 통해 이 착각에서 벗어나야 한다. 아이가 자신의 말로 자신이 읽은 내용을 설명할 수 있는지를 확인하기 위해 큰 소리로 설명해보기, 칠판 앞에서 선생님 놀이하기, 3분 동영상 찍기 등 다양한 방법을 사용할 수 있다.

2장

성적을 높이는 답은
문해력에 있다

문해력을 차근차근 쌓아
공부머리를 만들자

문해력의 목적지

공부를 하려면 500쪽 정도 되는 책을 읽고 내용을 요약할 수 있는 수준에는 도달해야 한다. 여기가 목표다. 그것도 한 가지 주제에 일관된 내용이 담긴 책을 읽어내야 한다. '읽어내야 한다'는 말에는 의무감에 억지로 읽는다는 어감이 느껴지지만, 그보다는 읽기에 도전하여 독파한다는 뜻으로 받아들여야 한다.

어린이 시절의 독서는 학습 만화를 보면서 시작할 수도 있다. 긴 글을 읽기 어려워하는 아이에게 긴 글이 담긴 책을 주면 아이가 질려 한다. 〈공부가 머니?〉에 출연한 임지범 어린이는 책 읽기를 좋아하지 않는데, 학습 만화를 보면서 책과 가까워지는 모습을 보였다. 시리즈인 책을 누나와 같이 읽기 시작했는데, 누나가 읽는 속도를 따라잡아서 한 책을 두고 둘이 다른 쪽을 읽고 있는 장면이 방송되었다. 책 읽기를 싫어하던 아이가 책에 빠진 모습을 보여주었다는 점에서 신선했다. 책을 멀리하던 아이가 책을 읽는다는 것은 책이 아이의 호기심을 자극했다는 뜻이다. 어린 시절에는 자기 수준에 맞는 책이 호기심을 불러일으킨다. 수준에 맞지 않는 어려운 책, 글자가 많은 책은 독서를 멀리하게 하는 독약이다.

물론 언제까지나 학습 만화만 보고 있을 수는 없다. 서서히 그림이 적고 글자가 많은 책으로 옮겨가야 한다. 만화는 상상력과 사고력을 기르는 데 한계가 있다. 그림만 봐도 내용을 절반 이상 알 수 있지만, 대부분 그림이므로 글자로 적힌 내용을 이해하고 생각하는 단계와 거리가 있다. 초등학교 4학년이 되면 국어 교과서에 다섯 쪽 정도의 글이 텍스트로 나오는데, 초등학교 3, 4학년이 되면 이 정도 길이의 글은 읽어내야 한다. 어른의 눈에 이 정도 길이는 너무나 짧아 보이지만 어린이에게는 집중해서 글을 읽고 내용을 파악할 수 있는 적당한 수준이다.

책이 두꺼우면 아이가 질릴 뿐만 아니라 다 읽지 못해 좌절하고 성공 경험을 겪지 못해 자존감이 떨어진다. 친구는 10권을 읽었는데 나는 아직 한두 권에 머무르고 있다면 열등감을 가질 수도 있다. 아이는 아직도 아이이기 때문에 독서량에 민감하다. 그래서 저학년에서는 글자가 크고 얇은 책을 주로 읽는 아이를 나무랄 필요가 없다. 또한 긴 글을 읽고 내용을 기억해서 더 깊은 내용을 파악하는 힘도 약하므로 긴 글, 두꺼운 책에 매일 필요가 없다.

이 시기에는 학습서도 두꺼우면 아이가 힘들어하고 성취감을 느끼지 못해 상처를 받을 수 있으니 책을 장별로 분권을 하라는 말도 한다. 학습서는 한 학기 분량인데다가 장별로 내용이 다르므로 분권이 필요하다. 물론 일반 도서는 예외다. 일반 도서는 아이가 고르는 두께가 아이의 수준에 맞는 것이다. 한편, 어떤 아이는 두꺼운 책을 한 권 읽고 성취의 기쁨을 자랑하기도 한다.

"나 이만한 책 다 읽었어!"

이 단계에 도달하려면 얇은 책을 많이 읽는 단계를 거쳐야 한다. 그러나 목표는 잊지 말아야 한다. 학년이 올라가고 학교급이 올라갈수록 더 긴 글, 두꺼운 책을 읽어야 한다.

대학생이 되면 고등학교 때와 달리 갑자기 두꺼운 책을 읽는 일이 생긴다. 만일 교수님이 '아자 가트의 《문명과 전쟁》을 읽고 전쟁은 본능인가 필요인가에 대해 A4 20매로 요약하라.'는 과제를 내주는 바람에 그 책을 읽게 되었다고 하자. 아자 가트의 《문명과 전쟁》은 책 뒤의 주석을 빼고도 870쪽을 읽어야 한다. 서울대 지원자가 읽었다는 책의 상위 자리를 차지하고 있는 유발 하라리의 《사피엔스》도 600쪽 가까이 되고, 1976년에 초간본이 나와 아주 오래전부터 서울대생이 읽은 책의 상위권 자리를 차지하고 아직도 비키지 않는 《이기적 유전자》도 600쪽이 넘는다.

문해력과 시간의 축적

고등학교 1학년 대상으로 여름방학 때 논술고사를 대비해 하버드대 특강을 엮은 도서인 《정의란 무엇인가》를 읽고 논술하는 수업을 했다. 이 책은 내용이 논술 교육에 어울리기도 하지만 10장으로 구성되어 있어서 10회 수업용으로 딱 알맞았다. 미리 책을 읽고 내용을 요약해오면 두 시간으로 구성된 시간에 한 시간은 같이 토론하고 난 뒤 한 시간 정도 글을 쓰는 방식으로 진행할 참이었다. 문제는 첫 시간에 생겼다. 학교에서 공부 좀 한다는 논술 특강반 아이들 대부분이 이 책의 첫 번째 장 40쪽을 읽고 자신의 말로 정리하는 과제를 해내지 못했다. 결국 문제 풀이 수업하듯 텍스트를 들고 내용을 하나하나 설명하니 윤리나 철학 수업이 되면서 글을 읽고 논술문을 쓰는 수업과는 거리가 멀어졌다. 이런 일이 벌어지는 이유는 학생의 학업 성취도에 비해 독서 능력이 턱없이 낮기 때문이다. 이 문제를 해결하는 방법은 '시간의 축적'이다. 책을 오랜 시간 읽어 와야 독서 능력이 늘어난다. 독서 능력은 갑자기 생기지 않는다.

'하루라도 책을 읽지 않으면 입에 가시가 돋는다'는 말은 매일 하는 독서가 얼마나 중요한지를 역설한다. 안중근 의사가 옥중에서 쓰고 수결을 남긴 '일일부독서 구중생형극一日不讀書 口中生荊棘'이란 한자 글귀가 우리말로 전파된 것이라고 한다. 독서를 강조한 이 글귀는 교실 환경미화 표어의 하나로 소크라테스의 '너 자신을 알라'와 쌍벽을 이루었다. 어떤 아이가 이 말을 듣고 입에 가시가 돋을까봐 책을 읽지 않은 날은 거울을 들여다보고 자기 전에는 꼭 책을 읽었다는 말도 있듯이 독서를 강권하는 말로는 최고 수준이다.

왜 눈이 아니라 입에 가시가 돋는다고 했을까를 의아해했던 내 열 살 시절, 그 답을 만화 《홍길동전》에는 길동이 무술 연마를 위해 매일 옥수

수대 뛰어넘기를 하는 장면에서 찾았다. 옥수수대는 금방 아이 키보다 높이 자랐고 길동은 제자리에서 두 길은 높이 뛸 수 있는 능력이 생겼다. 독서도 이와 같아 매일매일 책을 읽어야 독서 능력이 늘어난다. 눈에 가시가 돋지 않고 입에 가시가 돋는다는 말에 '낭독하는 글 읽기'가 중시되었던 당시 상황이 반영되었다는 것은 나중에 알았다.

문해력과 토론·논술

독서는 자신과의 대화면서 다른 사람과의 소통이다. '한 사람이 열 권의 책을 읽는 것보다 한 권의 책을 열 사람이 같이 읽고 토의 토론하는 것이 교육적'이라는 말도 있듯이 독서와 토론은 책 읽기의 동력이 된다.

첫 단계로 한 권의 책을 깊게 읽으면 내면화가 이루어진다. 책을 읽는 것을 넘어 책 내용을 수용하고 비판하면서 독자의 세계를 넓힌다. 이를 바탕으로 토론을 하면서 적용·확장 단계를 거친다. 다른 독자의 의견과 부딪치거나 동감하면서 내면화가 심화된다. 또한 토론은 다른 사람의 주장을 들으면서 자신의 생각을 동시에 정리하다가 다시 자기 차례에 말해야 하는 어려운 일이다. 가장 쉬운 토론이 말꼬리 잡기인 이유는 깊은 생각을 하지 않아도 되기 때문이다. 깊이 있고 박수 받는 토론은 상대방의 주장에 대해 수긍할 점과 비판할 점을 나눠 자신의 주장을 펴고 논리적 뒷받침이 되는 근거를 제시하는 것이다.

이런 면에서 보면 독서를 바탕으로 하는 토론은 찬반토론보다 원탁토론의 형태로 진행하는 것이 의미가 있다. 원탁토론은 몇 명의 토론자가 돌아가면서 자신의 생각을 이야기하는 토론 방식이다. 평등하다는 원탁의 의미처럼 모든 토론자는 평등한 관계에서 자신의 생각을 말한다. 독서를 했다는 것이 전제이므로 우선 책을 읽은 소감을 돌아가면서 말한다. 다섯 명이 토론을 한다고 치면 순서 없이 한 명씩 원하는 시기에 발언을 하면 된다. 상대를 지칭할 때는 '○○○ 토론자님'이라고 부른다. 교사와 학생이 섞여 토론을 할 때도, 호칭은 토론자님으로 한다. 이어서 발언할 사람이 없으면 먼저 발언한 사람이 다음 발언자를 지명한다. 지명하는 사유를 밝히지는 않는다. 지명 받은 사람의 의사 범위를 제한하게 될 가능성이 있기 때문이다. 전체적으로 돌아가면서 책 내용에 대한 개괄적인 이야기를 한 뒤 중요한 차이점을 찾아내서 주제로 삼고 다시 그 주제에 대하여 의견을 돌아가면서 말한다. 사회자가 있다면 사회자가 주제를 이끌어내는 데 도움을 줄 수 있다. 즉 1회 토론 내용을 정리하면서 토론에서 제기된 토론 거리를 중심으로 토론하도록 이끄는 것이다.

주제에 대한 발언을 차례대로 돌아가면서 하면 2차 토론이 시작된다. 토론자는 한 번 발언을 하고 나면 다른 모든 토론자가 다 발언을 할 때까지 발언할 수 없다. 주제에 대한 발언을 하다 보면 찬반 토론이 될 수도 있기 때문이다. 이 차례의 토론에서 토론 내용이 정리가 되지 않았다면 한 번 더 돌아가면서 의견을 말할 수 있다. 그럴 필요가 없다면 새로운 주제에 대해 돌아가면서 토론한다.

원탁토론은 말로 싸워서 이기는 것을 목표로 하지 않으므로 다양한 의견을 듣는 차원에서 마무리하는 것이 좋다. 즉 책을 읽고 난 뒤, 책의 내용에 대해 생각을 이야기하다 보면 나와 다른 시각에서 책을 본 친구들의 다양한 생각을 수용하는 태도를 기르고, 생각의 지평을 넓힐 수 있다. '결론이 뭐야?'에 집착하지 않아도 된다. 그래도 아쉬우면 다른 토론자의 생각과 자기 생각의 차이가 있는 지점을 글감으로 논술을 쓰자.

예를 들어보겠다. 우선 책을 읽고 난 뒤 독후감을 쓴다. 독후감은 책의 내용을 요약하는 수준을 넘어 문제를 발굴하는 역할을 한다. 아래 글은 독후감의 예시다.

> · 책 이름:《○○○○》
> · 읽은 때: 2021년 6월 12~15일
>
> 이 책에서는 21세기 교육자들이 가져야 할 자세, 즉 현 교육제도의 문제점에 대한 해결방안을 제시하고 있다. 21세기 교육 종사자들은 '성숙'과 '지속 가능성' 또는 '인류 생존'의 관점에서 교육을 생각해야 한다고 이야기하고 있다. 또한 청소년에게 문화 산업을 기르기 위한 예술과 인문학 교육을 실시해 현실을 제대로 읽어내고, 순발력 있게 자발적으로 일을 기획하는 사람을 길러내야 한다고 주장한다. 예술과 인문학 교육의 발전을 위해서는 학생이 어릴 때부터 자기 의사를 표현하도록 교육하는 것과 예술·인문학 특별 프로그램을 개설할 것을 강조한다. 학교 문화를 회복하기 위한 방안도 제시하고 있다. 첫째는 학교의 일상 속에서 언어의 힘이 다시 자리 잡도록 학습 분위기를 잡는 것이고, 둘째는 일상의 시간과 공간을 재구성하는 것이다. 셋째는 학생들의 일상 문화와 관련하여 학교에 침투해있는 대중문화를 인정하는 것이다. 마지막으로 넷째는 학

교 현장에 만연한 폭력 문화의 교체이다.

나는 이 책의 세 번째 장을 서너 번 이상 읽었다. 내가 원하던 학교 문제 해결을 위한 답을 찾을 수 있었기 때문이다. 중학교 시절부터 학교 문제에 관한 고민을 오래 해왔음에도 불구하고, 나는 수능, 즉 입시 위주의 교육제도의 변화만을 주로 생각해왔었다. 하지만, 계속해서 부족함을 느껴오던 나는 이 책에서 답을 찾을 수 있었다. 자발적으로 일을 기획할 수 있는 사람으로 교육하는 것, 이것이야말로 내가 꿈꿔 왔던 교육제도였다.

토론을 하면 녹취록을 적어야 한다. 스마트폰의 녹음 기능과 문자 변환 기능을 이용할 수도 있다. 기자들이 발언자의 말을 들어가면서 연신 노트북에 직접 입력하는 장면처럼 토론 내용을 직접 입력할 수도 있다. 상대의 말을 들으면서 입력을 하고 자신의 생각을 정리해서 발언할 수 있는 경지에 올랐다면 더 이상 바랄 게 없다. 아래 글은 토론 녹취록의 예시다.

· 토론 주제: 청소년은 문화의 주체인가?
· 토론자 : 김민, 이우, 김훈, 강동, 박주, 송정

· 1차 발언

김민 토론자　청소년은 여러 체험과 경험이 필요한 세대입니다. 따라서 청소년들은 어른들이 만들어 놓은 상업적 문화공간에서 문화를 체험하기만 하는 소비자적 역할을 하고 있습니다.

이우 토론자　청소년 문화가 왜 발생했는지 알아볼 필요가 있습니다. 청소년 문화는 성인문화로부터의 도피처가 필요했기 때

문에 발생했습니다. 이러한 청소년 문화의 예로는 농구, 동아리 활동의 문화가 있습니다.

김훈 토론자　문화의 범주를 어디까지로 설정하느냐에 따라 청소년은 주체이며 소비자예요. 예를 들어, 인터넷 문화에서 청소년은 인터넷 문화를 만들어내는 중심에 있기도 하고, 인터넷 문화를 받아들이는 입장에 있기도 해요.

강동 토론자　청소년은 문화의 주체예요. 왜냐하면 문화를 조금씩 개선하거나 창조해나가기 때문이죠.

박주 토론자　청소년은 소비자이며 주체입니다. 왜냐하면 청소년은 디지털 기기를 소비하면서 디지털 기기 사용에 관한 문화를 만들어내기 때문입니다.

송정 토론자　청소년은 문화의 주체라기보다는 소비자로서의 역할이 크다고 생각합니다. 청소년의 문화생활은 이미 만들어진 매체를 사용하는 것에 그치기 때문이에요.

• 2차 발언

김민 토론자　청소년은 아직까지 문화의 주체라고 할 수 없어요. 청소년이 문화의 주체가 되기 위해서는 여러 가지 노력이 필요합니다. 단, 어른들은 청소년 문화를 성인문화의 하류문화로 간주하지 말아야 해요.

김훈 토론자　청소년 문화는 호기심의 문화입니다. 음주, 흡연 등과 같은 퇴폐적 문화를 강제적으로 막기보다는 청소년, 어른들과 공유하면서, 어른들을 통해서 조금씩 배워나갈 수 있어야 해요.

박주 토론자　디지털노마드라는 단어에서 청소년이 소비자이자 주체라는 점을 알 수 있어요. 디지털노마드는 첨단장비를 사용해 정보를 생산하는 사람들을 말하는데, 청소년은 디지털노마드이기 때문에 문화의 소비자이자 주체입니다.

강동 토론자 현재 청소년 문화는 이전 세대의 유산이지만 청소년은 문화의 주체입니다. 청소년은 스스로 문화를 이끌어나가는 법을 배우도록 노력해야 해요.

송정 토론자 소비자의 역할인 청소년들이 주체가 되기 위한 노력이 필요해요. 초등학생의 평가 교육과 입시 위주의 교육은 청소년 문화를 저해합니다. 올바른 동아리 문화 활동 등을 통해, 학교에서부터의 변화가 시작되어야 해요.

이우 토론자 현재는 소비자이며, 이미 만들어진 매체를 사용한다는 점에서 송정 토론자의 의견에 찬성합니다. 청소년들의 올바른 문화 형성에 어른들의 도움이 필요합니다.

토론을 마치면 아래 글처럼 소감문 또는 논술문을 작성한다.

이번 주제는 '청소년의 문화'였다. 내가 청소년임에도 청소년 문화에 대해 무관심했던 것이 사실이다. 여러 친구와 청소년 문화에 대해 토의하면서 다양한 생각을 얘기하고 공유하는 좋은 기회였다. 한 가지 아쉬운 점은 원탁토론까지 많은 시간이 있었는데도 제대로 준비하지 못한 것이다.
토론을 통해 다른 사람의 의견을 수용하고 나와 다름을 인정해야 한다는 것을 느꼈다. 나와 다른 의견이 반드시 잘못된 것은 아니고, 이를 받아들여야겠다는 생각이 들었다. 내 의견에 대한 비판에도 감정적으로 흥분해서 말했던 것 같다. 좋은 토론자, 발표자가 되려면 다른 사람의 의견에 귀를 기울이고 자신에 대한 비판을 수용해야 할 것이다. 원탁토론 같은 토론 문화가 학생들 일상생활에도 실천되었으면 한다. 어떤 의견을 그냥 듣고 있는 것이 아니라 비판적으로 사고하고 자신과 다른 점이 있으면 근거와 함께 말하는 습관을 들여야겠다는 생각이 들었다.

소감문은 가벼운 마음으로 적는다. SNS에 글을 올리듯 쓰면 된다. 부담 없이 글을 쓰는 습관이 공식적인 글을 쓸 때도 부담을 덜게 하기 때문이다.

다음으로, 논술 단계로 접어들면 산티아고 순례자처럼 혼자만의 길을 가야 한다. 그러나 이 순례자의 걸음은 독자를 염두에 두고 있다. 논술은 적용 단계인 토론을 지나 표현의 단계다. 이때 표현되지 않은 모든 생각과 지식은 죽는다. 《춘향전》은 지금도 읽히므로 《춘향전》은 살아 있다. 만약 《춘향전》이 더 이상 읽히지 않는다면 춘향전은 죽은 것이다. 글은 필자가 표현하고 독자가 읽기 때문에 산다. 모든 단계를 관찰한 관람객은 소감문을 쓸 수 있다. 토론을 마친 뒤 논술 단계를 거치지 않고 소감문을 쓸 수도 있다. 소감문은 애정과 관심의 표현은 되지만 독자의 깊은 정신세계를 드러내지 못한다는 한계가 있다. 요리를 먹고 나서 힘을 쓰는 것과 같이 독서와 토론이라는 요리를 먹었으면, 논술이라는 자신만의 세계를 표현해야 독서의 내면화가 되었다고 할 수 있다.

학년별로, 성장 단계별로 독서와 토론을 통해서 생각의 크기를 늘려가다 보면 책은 두꺼워지고 독서 시간이 길어진다. 처음에는 몇 권을 읽었는가에서 뿌듯함을 느끼겠지만 초등학교 고학년이 되고 중학생이 되면서는 얼마나 두꺼운 책을 첫 장부터 마지막 장까지 독파했는가가 관심거리가 되고, 다 읽으면 뿌듯함이 내적 보상으로 돌아온다. 여기까지 독서 역량이 다다르면 500쪽 책을 읽고 핵심 질문 두 가지를 생각해 프레젠테이션할 수 있는, 우리의 목표 단계에 도달하게 된다.

글쓰기를 통해 문해력을 키울 수 있다

문해력은 글과 말을 매개로 하는 의사소통 능력이다. 그래서 정보 입력과 판단뿐 아니라 출력도 중요하다. 출력은 곧 말하기와 글쓰기이다. 말하기는 말하는 사람 입장에서 보면 일대일로 말하기, 일대 다수로 말하기로 구분된다. 그런데 강연이 아닌 보통의 대화에서는 수시로 논점 일탈이 일어난다. "이번 가을에는 체육대회를 할 수 있대."에서 시작한 말에서 체육대회가 올림픽으로 바뀌고, 올림픽에서 금메달만 의미가 있는 것은 아니라는 말로 바뀌다가 올림픽이 연기되는 바람에 금메달에서 멀어진 선수를 동정하는 이야기로 바뀐다.

그러나 글쓰기는 대체로 주제에 집중하므로 이야기의 완성도가 높다. 학창 시절에는 다양한 글쓰기 행사와 시상이 있다. 상급 학교 진학에 수상 기록을 사용하지 않도록 하자 많은 대회가 없어지기도 한다지만 그래도 학생이 참가해서 글쓰기 솜씨를 인정받을 수 있는 글쓰기 대회가 여전히 많이 있다. 상장을 주는 대회가 아니라도 우수한 글솜씨를 보여주었다는 칭찬 한마디로도 학생은 글쓰기 습관을 유지하고 발전시킨다. 칭찬이 고래를 춤추게 하는 것이다.

탐구 보고서 쓰기

학교 교육과정은 교과와 창의적 체험활동으로 이루어져 있다. 그중 교과 활동에서는 탐구 보고서를 쓰는 기회가 많다. 선생님이 보고서를 쓰는 방법은 알려주실 것이다. 그 형식에 맞춰 쓰면 되니 어려운 일은 아니다. 연구를 하고 난 뒤 보고서를 쓸 때 매끄럽게 표현하지 않으면 신뢰가 떨어질 수 있다. 아래 글은 탐구 보고서의 예시다.

· 주제: 공기 비율에 따른 알코올의 폭발력

1. 서론

가. 연구 동기

(초고) 자동차 같은 내연기관을 이용하는 것들은 움직이기 위해 연료를 기관에 주입 해 터뜨려 힘을 얻는다. 이때 연료만을 넣는게 아니라 공기랑 혼합해서 터뜨리게 되는데 무조건 많이 넣는다고 잘 터지는 게 아니고 일정 비율이 되어야만 잘 터질 것 같다고 생각해 연구하게 되었다.

⇨ (수정 원고) 자동차 같은 내연기관을 장착한 기구들은 연료를 기관에 주입해 터뜨려 힘을 얻어 움직인다. 이때 연료만 넣는 것이 아니라 연료를 공기와 혼합해서 터뜨리게 된다. 그런데 연료를 무조건 많이 넣는다

고 잘 터지는 것이 아니고 일정 비율이 되어야만 잘 터진다는 가설을 검증하기 위해 탐구를 하게 되었다.

나. 연구 목적
(초고) 알콜이 터질 때 최대 에너지를 내기 위한 최적의 공기 양을 구한다. 더 나아가 내연기관에 적용하면 연료와 공기가 혼합될 때 불필요한 연료를 줄여 효율을 증대시키는 방법을 생각해보는 계기가 될 것이다.
⇨ (수정 원고) 알코올이 터질 때 최대 에너지를 내기 위한 최적의 공기량을 구한다. 더 나아가 내연기관에 적용하면 연료와 공기가 혼합될 때 불필요한 연료를 줄여 효율을 증대시키는 방법을 구한다.

글은 맞춤법과 띄어쓰기, 주어의 적절함, 서술어의 호응, 어휘 선택의 적절함 등이 잘 갖추어져야 호소력이 있다. 그런데 말로 할 때는 그럴듯하지만 글로 쓰면 어색한 것은 글쓰기를 자주 하지 않기 때문이다. 위 글에서 보듯, 초고와 수정 원고는 큰 차이가 없지만 수정한 글이 더 매끄러우므로 연구 수준이 더 높아 보이고 신뢰감을 주는 결과를 가져온다.

교내 논술 경시대회에 참가하기

교내 논술 경시대회에도 참가해 글을 써보자. 상이 있든 없든 글을 잘써서 좋은 평가를 받으면 자존감이 높아진다. '글쓰기로 말하면 나!'라는 생각이 들면 자신감이 생긴다. 다음 학생은 정호승 시인의 작품, 〈슬픔이 기쁨에게〉를 읽고 논술문을 쓰는 대회에서 글을 썼다.

시인은 주위에 무관심하고 이기적인 '너'에게 '기다림'을 주겠다고, '너'와 함께 '눈 그친 눈길'을 함께 걷겠다고 말한다. 기다림과 눈, 그친 눈길 모두 이기적인 '너'가 약자의 상처에 함께 눈물 흘릴 수 있는 연대와 공동체 의식을 깨우치게 하는 소재라고 볼 수 있다. 즉, 이 소재를 통하여 이기적이었던 '너'에게 소외된 이웃에 대한 따뜻한 관심을 가지기를 촉구하고 이기적인 삶을 반성하게 한다. 이 과정에서 '너'가 진정한 사랑을 깨닫게 된다. 소외된 이웃에게 관심을 가지는 것, 이기심을 버리고 약자를 포용하는 것, 이는 분명히 '옳은 것'이다. 진정한 사랑을 아는 것 이 역시도 분명히 '옳은 것'이다.

이 논술문은 사용하고 있는 어휘 수준과 문장의 주술 관계 호응 등이 흠잡을 데 없어 아마도 수상작 안에 들었을 것이다. 평소 글을 계속 써야 단숨에 이런 문장을 쓸 수 있게 된다.

체험학습 보고서 쓰기 대회에 참가하기

체험학습 보고서 대회도 있다. 글을 매우 잘 쓰는 학생이라면 굳이 체험활동 보고서 쓰기 대회에 나가 상을 독점할 필요는 없다. 그러나 평소 글을 잘 쓰지 않던 학생이라면 정성스럽게 글을 써서 수상에 도전해볼 일이다. 아래 글은 체험학습 보고서의 예시다.

학교에서 단체로 자원봉사를 하러 쓰레기 자원 회수 시설을 견학했다. 그곳에서 우리는 주변 쓰레기를 1시간가량 치웠다. 그 뒤 회수 시설 안 홍보 센터에서 다양한 체험을 했다. 평소 환경오염 화제에 관심이 많았던 나는 더욱 관심 깊게 체험활동을 즐겼다. 우리는 맨 처음 모든 쓰레기가 운송되고 처리되는 종합적인 과정을 처음에는 동영상으로, 나중에는 실제로 보았다. 가장 인상 깊었던 점은 모든 쓰레기를 5층 높이에서 관람한 것이다. 실제로 어마어마한 양의 쓰레기를 태워 엄청난 양의 이산화탄소가 배출될 걸 상상하니 환경오염이 더욱더 심각하다는 것을 느꼈다.

학생이 말하려고 하는 주제와 무관한 상황도 등장할 뿐 아니라 체험학습 간 시설의 모습도 잘 그려지지 않는다. 상황을 모르는 독자에게 상황을 잘 묘사해서 독자가 이미지를 그릴 수 있도록 글을 써야 한다. 그러기 위해 평소 글을 써보아야 한다. 주의할 점은 말은 청중의 반응을 보면서 조절할 수 있지만 글은 그럴 기회가 없어 자신의 생각에 갇힐 가능성이 크다는 것이다.

백일장에 참가하기

학교 백일장에서 수상을 하면 문인이 된 듯한 자부심이 생긴다. 앞으로 대입에서는 학생의 수상 이력을 반영하지 못하게 되었지만 백일장 수상 경험은 글을 쓰고 싶은 원동력이 된다. 산문으로 참가해도 좋고 시에 더 관심이 있다면 운문으로 참가해도 좋다.

특히 시는 정서적인 글일 뿐 아니라 생각을 상징과 비유로 돌려 말하는 방식이므로 가장 고급스러운 언어 사용법이다. 시를 긴장감과 리듬감 있게 조직하는 일과 긴장감과 리듬감을 읽어내는 일은 모두 문해력의 최고 정점이다. 다음은 한 학생이 백일장에 제출한 시다.

새벽시장

학생 작품

어둠이 내리면
서울 도심 한복판엔
전구가 하나둘씩 켜진다.
달빛이 무안해할 만큼
환한 빛을 발하는 거리에는
삶의 모습들이 있다.
대낮보다 더 활기찬 사람들의 움직임,
삶의 소리들이 즐겁게 들려온다.
고달픔에 젖은 얼굴들에 땀이 가실 때쯤
푸른 새벽에
전구의 붉은 빛들은 종적을 감추고
사람들의 지친 발걸음은
따뜻한 온기가 있는 집으로 향한다.
그네들의 얼굴에는
그날 하루, 그들의 삶이 숨 쉬고 있다.
새벽의 시퍼런 공기만이

> 거리를 가득 메우고
> 전구들도 다음날 밤의 화려함을 생각하며
> 다시금 잠이 든다.

밤부터 새벽까지 바삐 이어지는 삶의 이야기를 담아냈다. '그네들의 얼굴에 그날 하루 그들이 삶이 숨쉬고 있다.'와 같은 표현은 학생의 섬세한 관찰력을 보여준다. '새벽의 시퍼런 공기'라고 표현할 줄 아는 솜씨, '전구가 잠이 든다.'와 같은 의인 수법 등이 글에 대하여 생각을 해본 사람이라는 평을 받기에 충분하다.

교지 투고 글쓰기

교지에 글이 실리면 뿌듯하다. 최초로 인쇄된 글을 보면 계속 글을 쓰고 싶은 마음이 생긴다. 글쓰기의 동기 중 가장 큰 동기가 되는 것이다. 졸업을 해도 교지는 살아 있다. 교지에 실린 학생 글에서 보석 같은 생각을 찾을 수 있다. 다음은 교지에 투고한 학생의 글이다.

> 후회라는 말에는 거의 부정적인 이미지가 따라다닌다. 지나간 일을 후회하는 사람은 미련한 사람 취급을 받고 무슨 일을 새로이 시작할 때는 후회 없이 하자는 말을 많이 한다. 나도 후회에 대해서는 항상 좋지 않게 생각했었다. 하지만 지금 나의 고등학교 생활을 돌이켜보며 생각하니 후회가 꼭 그리 나쁜 것만은 아니었다. 오히려 열심히 노력하지 않고 분명

한 목적이 없었다면 후회도 없다. 이루고자 하는 것이 없었으니 아쉬울 것도 없었을 것이 아닌가. 하지만 더 간절하고 더 노력할수록 더 잘할 수 있었던 것들이 가슴에 남게 되고 그런 생각들이 후회로 남는 것이다. 물론 완벽하게 마무리를 해서 후회가 아예 없었다면 좋겠지만 그럴 수 없다는 것은 누구나 안다. 후회를 하더라도 각성과 반성을 통해서 더 나아질 미래를 준비한다면 후회는 쓴 약과 같은 영향을 줄 것이다. 나는 대학 가서도 후회하지 않는 삶을 살 자신은 없다. 하지만 고등학교 때 배우고 느낀 것을 토대로 조금이라도 더 알차고 열정적인 삶을 살 수 있다면 더 바랄 것이 없다.

누구나 글쓰기를 어려워한다. 그렇지만 원리는 간단하다. 글은 개인적인 경험을 일반화하여 독자에게 자신의 생각을 전달하는 매개체이다. 학생이 쓰는 글은 학교 다닐 때의 개인적인 경험을 전달 가능하도록 기록하여 새로운 면을 보여주고 그것을 일반화하여 감동을 전달하면 된다. 윗글의 앞부분에는 학교생활의 사례가 들어 있었다. 그 사례를 '후회'라는 개념으로 일반화하여 좋은 생각을 전달하니 고개를 끄덕이게 하는 글이 되었다.

OECD에서 말하는
문해력을 키워야 하는 이유

2019년 10월 23일부터 25일까지 우리나라와 OECD 간 국제교육컨 퍼런스가 열렸다. 주요 의제는 2030년대의 교육이었다. 국내·외 교육계 주요 인사 700여 명이 참석한 개막식에서 안드레아스 슐라이허 OECD 교육국장은 '2030년을 향한 한국 교육, '학생 성공'을 다시 정의하다'를 주제로 기조연설을 하였다. 연설에서는 '2030 미래 교육 체제 방향(안)'이 제시되었는데, 여기에는 '살아가는 능력을 길러주는 역량 중심의 학습 체제, 기본 학습 역량을 인간의 권리 수준으로 책임지는 교육' 등이 포함되었다. 이와 함께 세계 수준의 교육 시스템을 갖추기 위한 방법으로 '선택된 소수 학생의 높은 수준 학습'에서 '모든 학생의 높은 수준 학습'으로 전환, '반복적 인지능력을 기르는 교육과정'에서 '복잡한 방식의 생각·행동, 집단적 능력을 길러주는 교육과정'으로의 전환을 꼽았다. 이 교육 컨퍼런

OECD 학습나침반 2030(OECD Learning Compass 2030)[1]

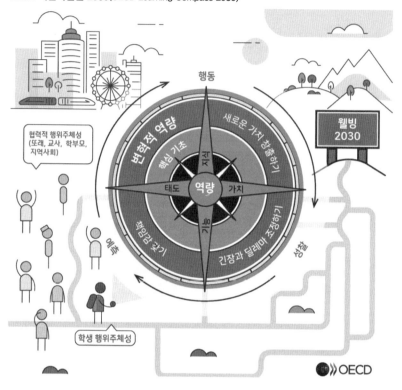

스는 그동안 OECD가 교육에 관해 제시했던 방향에 대한 우리의 관심을
더욱 촉구했다.

OECD는 2015년부터 '교육 2030 프로젝트(2015~2022년)'를 통해 학
생 자신이 바라는 미래를 성공적으로 살아가기 위해 필요한 역량과 구체

1 "OECD future of Education and skills 2030: Concept note OECD learning compass 2030",
   OECD, 2019

적인 교육의 변화 방향을 논의해왔다. 2019년 5월, 9차 회의에서는 그동안의 논의를 바탕으로 'OECD 학습나침반 2030: OECD Learning Compass 2030'을 발표하였다.

학습나침반이라는 비유는 '학생이 교사의 지도나 지시를 단순히 수용하지 않고 낯선 상황에서도 스스로 의미를 찾아 책임 있게 헤쳐나갈 수 있도록 학습할 필요가 있다'는 것을 강조하는 말이다.

학습자는 학생의 자기주체성을 갖기 위해 역량을 기르는데 이 역량은 지식, 인적 역량, 태도와 가치를 학습하는 것이다. 지식은 여전히 중요한 요소로 자리한다. 이 지식은 학제적 지식뿐 아니라 학제 간 연계를 할 수 있는 응용 지식까지를 포함한다. 특정 유형의 지식이 중요한지를 이해하는 것도 포함된다고 한다. 인적 역량은 삶에 도움이 될 수 있는 인지적, 사회·정서적, 신체적 및 실용적 능력을 말한다. 여기에 태도와 가치를 포함한 것이 핵심기초이다.

이와 함께 학생들에게는 변혁적 역량이 필요한데, 새로운 가치 창조, 책임감 갖기, 긴장과 딜레마 해소가 그 요소이다. 그리고 이 요소들은 '예측-행동-성찰' 주기로 구성된다. 이것들이 합해져 학습나침반 2030의 중점적 개념인 학생 자기주체성을 이룬다. 학생 자기주체성을 학습한 학생은 목적의식과 책임감을 발휘해 주변 사람이나 사건, 상황에 좋은 영향을 끼친다. 여기서 학생들이 전 교육과정을 심도 있게 학습하기 위한 전제 조건으로, 문해력과 수리력이 포함되어 있다. 이 말은 전통적인 문해력과 수리력의 의미는 2030년 이후에도 계속 변화할 것이며, 이미 우리 삶 깊숙이 디지털화와 빅데이터가 녹아들어 디지털·데이터 문해력이 필수가 되었다는 뜻이다. 다시 말하면, 학생이 학습하는 데 핵심기초는 문해력과 수리력인데 시대의 흐름에 따라 디지털 문해력, 데이터 문해력이 추가로 포함되었다고 보는 것이다.[2]

장황한 이야기지만, 학습의 핵심기초가 문해력과 수리력이라고 보는 견해는 세계가 인정한다. 문해력은 글을 읽어내는 데서 그치지 않고 텍스트를 이해하고 해석해 삶에 적용하고 새로운 의미를 창출하는 능력까지를 포함한다. 그래서 문해력보다는 리터러시라는 용어가 더 적합하겠으나, 어휘는 사용하고자 하는 의도에 따라 의미가 확장되기도 하므로 문해력을 단순히 글을 읽는 능력인 독해력과 달리 더 확장된 의미로 사용한다는 약속을 새로 하면 될 것이다.

문제는 '문해력을 쓰느냐 리터러시를 쓰느냐'가 아니라 '2030 교육에 필요한 것이 무엇인지'다. OECD와의 논의에서 핵심기초를 문해력과 수리력으로 삼았고 여기서 확장한 데이터 문해력, 디지털 문해력을 중시해야 한다고 강조했던 점을 기억해야 한다.

---

2 보도자료 "「한-OECD 국제교육컨퍼런스」 개막" 및 [참고 1] OECD 학습나침반 2030과 학생의 자기 주체성, 교육부, 2019

문해력의 도착점을 기억하자

길러야 할 문해력의 도착점을 알고 있어야 문해력을 찾아가는 항해가 덜 부담스럽다. '독서백편의자통讀書百篇義自通'이라는 말이 있듯이, 백 번 읽으면 뜻이 통하는 경지에 도달함을 믿고 독서에 매진하여 문해력을 기를 수도 있지만, 문해력도 원리가 있다. 이를 이해한다면 백 번 읽는 지루함을 극복할 수 있다. 그러기 위해 살펴봐야 할 지점은 대학입시 관점에서 보면 가장 상위에 있는 고등학교 교육과정이다.

고등학교 교육과정에서 문해력과 관련이 큰 과목은 독서, 심화 국어, 논술이다. 화법과 작문도 관련성이 있다. 이 과목을 배우면서 글 읽기와 글쓰기를 익힌다. 지식 습득만으로는 독서 능력 신장에 도움이 되지 않는다. 실제로 독서 능력을 늘릴 수 있도록 글 읽는 연습을 통해 학습해야 한다. 현행 교육과정은 이런 점에 충실하다. '다음 중 독서의 태도로 적절한 것은?'과 같은 문제를 출제하지는 않는다. 인물화에 비유하자면, 인물화를 그리는 방법을 아는 데서 그치지 않고, 이를 바탕으로 인물화를 그리는 능력을 갖추는 학습까지 진행하는 것과 같다.

독서 과목 교육과정 해설서에는 독서의 목적을 이렇게 명시한다.

'독서 과목에서 학습자는 자신의 배경지식을 바탕으로 하여 글의 내용을 정확하면서도 비판적으로 이해할 수 있는 능력과 새롭게 의미를 발전시킬 수 있는 능력을 기른다. 또한 지식과 삶의 체험을 확장하는 다양한 독서 활동을 바탕으로 하여 자아와 타인에 대한 이해를 넓히고 자아를 성찰하며 세계와 소통하는 능력을 기른다. 나아가, 글을 읽는 목적에 따라 스스로 책을 찾아 읽는 능동적인 독서 태도를 기반으로 평생 독자로서의 소양을 갖추고, 글을 통해 접하는 다양한 문화를 능동적으로 수용하는 가운데 새로운 문화 창조에 이바지하려는 태도를 함양한다.'

독서 과목의 성격인 동시에 독서 행위의 성격을 밝힌 대목이기 때문에 단어 하나하나에 유의해서 읽어야 한다.

배경지식이 있어야 글을 읽을 수 있는 사실은 부정할 수 없다. 예를 들어 '환태평양 조산대에 속한 일본에서는 특히 지진이 자주 발생하고 특이 강진의 발생 빈도가 높은데, 그 이유는 네 개의 지각 덩어리(유라시아, 필리핀, 태평양, 북아메리카 판)가 만나는 접점에 위치하고 있기 때문이다. 운이 없게도 이런 위치에 자리 잡았다는 생각을 할 수도 있지만, 사실 이런 위치에 있기 때문에 일본이 생겼다는 표현이 더 과학적이다.'와 같은 글은 신문·잡지에서 만나는 일반적인 수준이다. 이 글을 이해하기 위해서는 '환태평양 조산대, 지각 덩어리(판)' 등을 알고 있어야 하거나 찾아봐야 한다.

'글의 내용을 정확하면서도 비판적으로 이해하는 능력'은 수능 시험이 등장한 이래 유명해진 '사실적 사고'와 '비판적 사고'를 이르는 말이다. 사실적 사고 문제는 '윗글의 내용과 일치하지 않는 것은?'과 같이 글을 읽고 내용을 정확하게 이해했는지 물어보는 문제고, 비판적으로 이해했는지를 묻는 문제는 '윗글을 읽은 독자의 의견으로 적절한 것은?'이라고 묻는 문제다. 내용을 정확하게 이해하기도 쉽지 않지만, 비판적으로 이해하기는 더 쉽지 않다. 비판적 이해를 하기 위해서는 글에서 주장하는 내용이나 뒷받침 근거로 사용한 사실, 의견이 타당한지를 따져보면서 읽어야 한다. 따라서 경솔하게 믿지 않고 신중하게 따지며 의심하는 태도를 가져야 한다. 비판적 태도로 글을 읽으면 글을 폭넓게 이해할 수 있다. 또한 글에 대한 자신의 입장을 세우고, 이를 통해 자신의 지식과 삶의 세계를 확장할 수 있다.

'나아가'로 이어지는 내용에는 독자의 능동적 태도가 필요하다. '스스로 책을 찾아 읽는 독자, 다양한 문화의 능동적 수용, 문화 창조에 이바지'라는 표현에서 독자의 능동성을 강조하고 독서가 지향하는 '문화 창조'의 의미까지 밝히고 있다. 학생부종합전형으로 지원하는 학생이라면 입시에 '스스로 책을 찾아 읽은 경험'이 얼마나 영향을 미치는지 잘 알고 있을 것이다. 어떤 과목에서 학생은 개념을 배우고, 그 개념을 적용하는 활동을 한다. 이때 교과 학습에서는 이때 관련 서적을 능동적으로 찾아 읽는 것을 강조한다. 더 나아가 '꼬리에 꼬리를 무는 독서'를 권장한다. 이러한 태도를 '능동적 태도'라고 한다. 더구나 학교생활기록부의 독서 이력을 대학입시에 활용하지 못하게 하자, 각 교과와 관련해서 읽은 책을 '세부능력 및 특기사항'이라는 교사가 교과 학습 상황을 서술하는 항목에 기록하는데, 여기서의 핵심이 바로 능동적 독서 태도이다.

독서 교육의 정점에 있는 고등학교 과목이 '독서'이다. 이는 수능에서도 필수 지정 과목이다. '독서' 과목의 목표는 '독서 활동의 본질과 원리를 체계적으로 이해한다, 다양한 주제, 유형, 분야의 글을 적절한 방법으로 읽는 능력을 기른다, 목적에 따라 가치 있는 글을 스스로 찾아 즐겨 읽는 태도를 기른다'로 정리된다. 독서의 본질은 '좋은 글을 선택하여 읽는 것'과 '동일한 화제에 대해 서로 다른 관점의 글을 대조하면서 읽는 것, 혹은 비슷한 주제를 담은 다양한 형식의 글을 비교하면서 읽는 것'이다. 단순히 여러 글을 비교·대조하는 수준을 넘어, 비판하고 종합하여 자신만의 주제로 재구성하는 능력을 길러야 한다는 말이다.

'다양한 주제, 유형, 분야의 글을 적절한 방법으로 읽기'의 '적절한 독서의 방법'에는 사실적 읽기, 추론적 읽기, 비판적 읽기, 감상적 읽기, 창의적 읽기가 있다. 사실적 읽기는 글의 내용뿐 아니라 글의 구조와 전개 방식까지 파악하는 것을, 추론적 읽기는 글에 드러나지 않은 정보를 예측해 필자의 의도나 글의 목적, 숨겨진 주제, 생략된 내용을 읽어내는 것을 말한다. 비판적 읽기는 앞에서 말한 바와 같다. 감상적 읽기는 글에서 공감되거나 감동적인 부분을 찾아 읽는 것을, 창의적 읽기란 문제 해결 방법이나 필자의 생각에 대한 대안을 찾으며 읽는 것을 말한다.

교육과정 해설서에 적힌 독서 과목의 평가 사항은 '학습자의 독서 습관 형성 및 독서에 대한 인식 제고가 목표이므로 선택형 평가는 지양하며, 책을 읽고 자유롭게 느낌과 감상을 쓰도록 하는 읽기·쓰기 통합 평가, 교사가 학습자의 독서 습관이나 태도를 평가하는 관찰 평가, 학습자의 독서 계획과 실천이 잘 이루어지는지를 평가하는 독서 이력 평가 등'이다. 절대평가 방법이 적절하지만 현행 교육과정에서 독서 과목은 상대평가로 진행해 아쉬움이 있다. 2025학년도에 고등학교 입학하는 학생부터는 전 과목에 성취평가제를 적용한다고 예고했으므로 점수에 연연해하지 않을 때가 올 것으로 기대한다.

독서 교육과정을 바탕으로 고등학교 독서 교과서가 만들어진다. 교과서는 국가 수준 교육과정에서 제시한 성취 기준(학습 목표)를 구현하는 방향으로 만들어진다. 따라서 우선 독서의 본질을 살펴보고, 이어서 독서의 방법에 해당하는 사실적 읽기, 추론적 읽기, 비판적 읽기, 감상적 읽기, 창의적 읽기의 특징을 알아본다. 이후 분야별 글 읽기로 텍스트와 활동으로 이루어진 학습을 하게 된다.

주의점을 하나 말하자면, 교과서에는 다양한 텍스트의 일부분만 실려 있는 경우가 많으므로 공부에 뜻을 둔 학생이라면 전문을 찾아 읽는 노력을 해야 한다는 것이다.

3장

연령별
문해력 학습법

이 책에서는 문해력 기르기의 목표를 '500쪽 이상의 책을 읽고 내용을 요약할 수 있으며, 핵심 내용에 대한 멋진 질문 두 개를 덧붙일 수 있고, 이 내용을 프레젠테이션할 수 있다'로 정한다. 공식적인 기준은 아니다. 그러나 우리 아이가 문해력을 길러 사회에서 리더로 살게 하려면 또는 사회에 공헌하는 사람으로 살아가게 만들려면 고등학교 수준에서는 이 정도 목표가 적당하다.

유치원생의 공부머리를 기르는 문해력

유치원생이라면 대부분 글을 읽지 못한다. 따라서 어릴 때 억지로 글 읽기를 시킬 필요는 없다. 다섯 살 때 옆집 아이가 영어로 APPLE이라고 쓰인 글자를 애플이라고 읽었다고 주눅 들 필요도 없다. 다섯 살 때 한글을 뗀 이웃집 아이를 부러워할 필요도 없다. 그 정도는 일정한 나이가 되면 며칠 안에 다 따라갈 수 있다. 일정한 나이란 학교 들어가기 직전인 일곱 살쯤을 말한다. 아이는 일곱 살이 되면 저절로 주변의 글자를 보고 읽을 수 있게 된다. 거리에서 수없이 많은 문자를 만나기 때문이다. 또 자녀가 일곱 살이나 되었는데 글자를 모르게 둘 부모님도 많지 않다. 그러니까 아이가 아직 글자를 모르더라도 걱정하지 않아도 된다. 기다리면 저절로 아이에게 학습 동기가 생긴다.

학습 동기가 생기기 전에 글자를 가르치려 하면 아이가 글자 거부 반응을 보일 수도 있다. 〈공부가 머니?〉에 출연한 유치원 어린이 대부분은 엄마의 과잉 학습 지도로 문제 행동을 하거나 엄마를 회피했다. 다정하게 "이걸 뭐라고 읽어?"라고 물어봐도 아이는 틀릴까봐 스트레스를 받았다. 글자를 서둘러 아는 것보다 아이가 일정 시기에 배워야 할 내용을 꾸준히 잘 익히는 게 더 중요하다. 즉, 적기 교육을 해야 한다. 어린이에게는 예습보다 복습이 중요하다. 미리 배워봐야 학습 결손 시기를 한 번 겪으면 모든 게 원위치가 된다.

토끼와 거북이의 경주는 그런 상황을 잘 말해준다. 토끼가 출발부터 빨리 달려서 우세해 보였지만 낮잠을 자는 순간 거북이가 추월했다는 이야기다. 토끼가 낮잠을 잔 것은 토끼가 슬럼프나 학습 결손을 겪었다는 것을 말한다. 정작 배울 때가 되었을 때는 이미 좀 배웠다고 으스대다가 깊이 배우지 않아 문제가 되기도 한다. 또는 너무 일찍 가르치려다 아이에게 상처가 남기도 한다. 아이는 엄마의 질문에 어떤 답을 해야 틀리지 않을까 눈치를 보다 엄마를 슬슬 피할 수도 있다. 그러니 문자를 가르치기보다 손가락 놀림을 정교하게 할 수 있도록 줄 긋기 연습을 시키는 편이 낫다.

알아보기

······························· 글자 익히기

글자를 가르칠 때 자음보다 모음부터 시작하는 편이 가르치고 배우는데 수월하다. 일단 'ㅏ, ㅑ, ㅓ, ㅕ, ㅗ, ㅛ'와 같은 기본 모음을 가르친 뒤에 'ㄱ, ㄴ,

ㄷ'과 같은 자음을 앞에 붙이자. 이후 '가, 갸, 거, 겨'와 같은 글자임을 일러 두고 그림책에서 그 글자를 찾아 읽게 하면 복습이 된다. 이때까지도 자음 글자 이름인 '기역, 니은, 디귿'은 가르칠 필요가 없다.

이어서 받침 있는 글자를 가르친다. '가에 'ㄱ'이 받침으로 오면 '그~아 ~~~악'이니까 '각'이구나.'와 같이 하나하나 가르친다. 단모음에 익숙해진 뒤 이중모음을 가르치면 글자 대부분을 읽는다.

다음으로 쉬운 글자들이 적힌 그림책을 읽게 한다. 아이가 읽는 속도가 느리고 틀릴지라도 나무라지 않고 지켜보아야 한다. 틀렸다고 지적하면 엄마 앞에서는 절대로 책을 읽지 않을 수도 있다. 지적하지 않아도 곧 아이는 틀리지 않고 바르게 글을 잘 읽을 수 있게 된다.

문해력을 기르자는 책에서 글자를 가르치지 말라고 하니 어불성설로 느껴질 수도 있다. 하지만 글자를 읽기에 앞서 잘 쓰기 위한 기본을 익혀야 한다. 그런 의미에서 색칠은 아이에게 글씨 쓰기의 기본을 닦는 단계다. 부모님은 아이의 색칠 놀이에 의미를 부여하지 않지만, 글자를 쓰기 위해서, 또는 젓가락질을 하기 위해서는 손가락 놀림이 정교해져야 하고 손힘도 강해져야 한다. 그 힘을 기르는 연습이 색칠 놀이와 선 긋기 놀이다. 색칠 놀이는 백지에도 할 수 있고 바탕 그림이 그려진 그림에 색을 메울 수도 있다. 처음에는 색이 삐죽삐죽 그림 밖으로 튀어나오지만 시간이 지나면 그림 안에서 밖으로 튀어나오는 일이 줄어든다.

유치원생의 문해력 향상을 위해 할 일은 책 읽어주기다. 아이에게 읽어주기를 바라는 책을 가져오라고 해서 읽어주고, 책을 펴서 아이가 이야기를 만들게 하면 스토리를 구성하는 능력이 향상된다. 때로는 아이가 기발

한 이야기로 아이를 돌보는 어른의 지루함을 덜어주기도 한다. 아이는 보통 늘 같은 책을 들고 온다. 아이들은 같은 것에 지루함을 느끼지 않는 힘이 있다. 같은 만화 동영상을 보고 특정 장면에서 웃는 것도 같은 이유다. 공부에는 복습이 중요하다고 하는데, 이 경우 같은 책을 반복해서 들여다보면서 복습이 된다. 유치원 어린이가 공룡 이름을 줄줄이 외우는 것도 역시 복습의 효과다. '1만 시간의 법칙'은 1만 시간 노력하면 전문가가 된다는 말인데, 어린이가 1만 시간을 공룡 이름에 쏟아부었는데도 공룡 전문가가 되지 못하면 더 이상하지 않을까? 아이는 자신의 관심사에 온 정신을 쏟는다. 한편, 학년이 높아지면 본 책을 다시 보는 일이 줄어들기 때문에 같은 책만 보려는 유치원 때의 현상을 걱정하지 않아도 된다.

아이가 책을 읽어주려 하면 멀리 도망가 다가오지 않는 경우도 있다. 자기 전에야 그럴 수 없지만 낮에는 "책 읽어줄까?" 하면 "싫어." 하고 가버리는 경우도 꽤 있다. 보상이 필요할 때는 보상을 해야 한다. "장난감 사줄게." 등과 같이 물질로 보상할 수도 있다. 그러나 엄마가 좋아하는 모습을 보여주는 것이 가장 큰 보상이다. 아이가 책을 들고 이야기를 잘 만들어 낼 때, 이야기를 잘 듣고 따뜻한 표정으로 칭찬을 아끼지 않으면 아이가 잘 따른다.

책을 읽지 않더라도 아이와 대화를 하면 아이의 말솜씨가 늘어난다.

엄마: 유준아, 벽에 붙어 자면 춥다. 가운데로 와서 자거라.
아이: 벽에 붙어서 벽을 보고 자야 보고 싶은 꿈을 꿀 수 있어요.

엄마: 근데, 지금은 왜 가운데로 왔는데?

아이: 지금은 광고하는 시간이에요.

일곱 살 유준이와 유준이 엄마의 대화를 들어보면 아이의 생각이 참신해서 미소가 지어진다. 아이에게 독특한 생각을 했다고 칭찬을 해주면 될 일이다.

중학생의 공부머리를 기르는 문해력

중학교 2학년 엄마의 고민

엄마 초등학교 때는 공부를 잘했는데, 2학년 1학기 중간고사 성적표를 보니까 성적이 좀 떨어졌어요. 성적이 떨어져서 그런지 말을 시키면 방문 닫고 들어가버리고, 전과는 달라져서 걱정입니다.

멘토 아이가 말을 잘 안 듣죠? 사춘기가 와서 그럽니다. 혼자 알아서 하도록 놔두세요. 말은 해두시고요. "너한테 무관심한 게 아니고, 네가 스스로 하도록 두는 거니까 언제든지 손을 내밀면 도와줄게."라고 하면 좋을 것 같아요. 아이와 싸우려고 하면 상황이 더 나빠지기만 합니다. 곧 중3이 지나고 고1쯤 되면 같이 미용실에도 가고 쇼핑도 가게 될 겁니다. 자기 이야기를 하고 싶을 때까지 좀 지켜보세요.

엄마 그래도 지금 아무것도 안 하고 시간을 보내면 걱정이 되니까….

멘토 엄마가 좀 게을러야 합니다. '그냥 두고 본다. 그리고 말로 한다'를 실천하면 좋습니다. 엄마가 다 해주고 간섭할수록 아이가 더 자존감을 잃을 수 있어요. 성취감이 적어지기 때문이죠. 아이가 공부를 열심히 했던 경험이 있으니까 다음 시험을 잘 보면 자존감을 찾고 밝아질 거예요. 자기도 공부 잘하는 아이로 눈에 띄고 싶은데 그러지 못하니 속이 상했을 겁니다. 그러니까 기말고사 준비 잘하고 있나 보기만 하면 저절로 해결이 될 거예요. 공부하라고 하면, 내가 알아서 하는데 도와주지도 않으면서 잔소리만 한다고 반발할 걸요? 1학년 자유학기제 때는 어땠나요?

엄마 통지표를 보니까 '4차산업혁명, 수학으로 디자인하다'라는 활동과 '행복한 글쓰기 공작소'라는 활동을 했어요. 칭찬은 많이 받았더라고요. 행동 특성 및 종합의견을 보니 댄스 동아리에 들어가 버스킹 공연에 참가했다고 써 있던데, 안 하는 거 없이 다 하고 다녀요. 합창도 하고 방송부도 하고. 그러니 공부 시간이 적어서 성적이 떨어진 게 아닌가 해요.

멘토 어릴 때 이런저런 거 해보면 사회생활할 때 도움이 됩니다. 그만큼 본 게 많으니까요. 또 여러 모임에 끼어 있다는 것은 대인관계가 좋고 리더십이 있다는 뜻으로 해석할 수 있죠. 이대로 잘 자라면서 공부도 잘하면 딱 좋은데, 그죠?

엄마 그러게요. 공부가 걱정입니다.

멘토 사실 국어 잘하고 영어 잘하고, 어려운 수학 잘하고, 과학 잘하고, 독서 많이 하면 안 될 게 없고 못할 게 없으니까 앞으로가 중요하죠. 우선 기말고사 공부부터 하고요, 방학 때 지난 과정에서 이해되지 않는 부분이 있었다면 다시 봐야 합니다. 시간이 오래 걸리지는 않을 겁니다. 지난 교과서를 보고 점검하는 게 가장 좋습니다. 초등학교 4학년부터 다시 한번 쭉 보면 아는 내용과 모르는 내용을 구분할 수 있는데, 모르는 부분 이해하는 데 오래 걸리지는 않아요.

엄마 선생님, 독서가 중요하다고 계속 말씀하시던데, 아이가 초등학교 때는 글도 많이 읽더니 요즘은 잘 안 읽어요.

멘토 자존감이 떨어졌나 보네요. 초등학교 때는 독서 상도 받았을 텐데 지금은 칭찬을 많이 못 받아서 의기소침한 듯합니다. 엄마가 많이 격려하면서 작은 변화에도 칭찬해주세요. 알아주는 사람이 있으면 큰 힘이 되거든요. 또 초등학교 때는 그림도 많고, 글자도 크고, 학습 만화도 글자보다 그림이 많으니까 책을 빨리 읽거든요. 하루에 수십 권을 읽을 수도 있어요. 만화 보듯이요. 그런데 중학생이 되면 갑자기 글자도 작아지고 책도 두꺼워져서 속도도 더디고 끝까지 독파하지 못하니까 자꾸만 뒷장을 넘기면서 '얼마나 남은 거야?' 하면서 짜증을 내게 되죠. 이럴 때는 일단 두꺼운 책을 읽기보다는 얇은 책 중심으로 권수를 채우는 읽기를 하면 독서에 흥미를 붙이는 데 도움이 됩니다. 고등학생 때 도전하는 500쪽이나 되는 책은 중학교 2학년이 읽기에는 너무 두껍죠. 더구나 요즘처럼 책을 잘 읽지 않는 시대에는 더 그래요.

엄마 그럼 500쪽짜리 책은 언제 읽나요?

멘토　500쪽이라는 분량은 중요하지 않아요. 단행본으로 생각할 거리가 있는 내용의 책을 읽어야 하는데, 아무래도 지식이 쌓이고 생각도 풍부해지는 고등학교 2학년쯤은 되어야 어려운 책을 읽을 수 있습니다. 우리 학생이 읽었다는 책 목록에는 《지구촌 경제 이야기》, 《백범 일지》, 《우상의 눈물》 등이 포함되어 있고 권수도 많던데, 이 정도면 우수한 독서가입니다. 독서를 그만두고 게임으로 옮겨가지만 않으면 계속 능력이 향상될 겁니다.

엄마　선생님 말씀 실천해볼게요. 그런데 고등학교를 선택해야 하는데, 어떻게 해야 할지 고민입니다.

멘토　그건요…, 이 책의 뒷부분을 보세요.

중학생의 독서 활동

중학생이 되면 글이 갑자기 길어지고 내용도 어려워진다. 무엇보다도 경어체로 쓰인 교과서 글이 평어로 바뀐다. 내용이 어려워졌어도 공부 방법은 같다. '글을 읽고 중심 문장과 뒷받침 문장을 구분하고, 내용을 파악한 뒤 요약하고 의견을 말하는 것'으로, 초등학교 때 배운 그대로 하면 된다. 어려워진 내용은 다른 과목에서도 많은 배경지식을 배웠으므로 부담이 적을 수도 있다.

중학생 때는 머리가 말랑말랑해서 다양한 책을 읽어도 모두 기억에 남는다. 기억에 남지 않는 아이는 관심이 딴 데 있어서인데, 그 아이는 동기

부여와 보상을 해서 책 읽기로 돌아오도록 해야 한다.

중학교 도서관에는 제법 어려운 책이 가득 있다. 학교 도서관에 매일 한 번은 들러서 책을 구경하는 습관을 들이면 저절로 책에 대해 많이 알게 된다. 도서반에 들면 책을 많이 읽을 것 같은데, 그렇지 않은 경우도 많다. 아이가 책 대출 봉사는 열심히 하는데 책은 읽지 않고 도서관 친구들과의 친교에만 집중해서 속상하다는 이야기를 가끔 듣는다. 그러니 도서반 활동 여부를 떠나 '도서관에 매일 한 번 들르기'를 목표로 하면 좋다. 점심시간에 친구들과 축구를 해야 한다면 방과 후에라도 한 번은 들러야 한다. 사실 점심시간보다는 방과 후에 운동을 하고 점심시간에는 도서관에 들르는 것이 좀 더 효과적이다. 점심을 먹고 신나게 운동하고 나면 5교시 수업에 집중이 안 된다.

1학년 자유학년제의 국어와 사회 관련 활동에는 반드시 '독서-토론 프로그램'이 있다. 논술 프로그램이 있기도 하다. 활동 몇 개를 선택할 수 있으니 그중에 독서-토론 프로그램 한 개는 포함하도록 하면 책 읽을 기회를 접하고 토론으로 책을 꼼꼼하게 읽는 습관도 기를 수 있다.

그리고 토론이란 다른 사람의 말을 듣고 그 말을 평가해서 자기 목소리를 내는 활동이기 때문에, 꾸준히 연습하면 '남의 말을 들으면서 자신이 할 말을 생각하는' 실력이 좋아진다. 들으면서 정리하고 내가 할 말을 정리하는 과정이 머릿속에서 동시에 이루어진다. 이 훈련은 앞으로의 공부에 큰 도움이 된다.

방학 동안에 고전 작품과 한국문학전집 등을 읽어야 한다. 시간이 많은 중학생 때가 아니면 다양한 문학작품을 읽을 기회가 적다. 고등학교에 올라가면 더 시간이 없다. 대학생이 되면 고등학생 때보다 더 시간이 없다. 고등학교나 대학 때는 문학작품을 전적으로 읽기보다는 다양한 책을 골라 시간을 효율적으로 사용하여 독서를 해야 한다.

책 종류는 다양할수록 좋다. 문학, 역사, 과학, 철학 등 다양한 분야를 읽어두면 나중에 기억의 창고에서 많은 것을 꺼내 쓸 수 있다. 책을 읽고 요약하는 습관은 아마도 초등학교 때 들였을 것이다. 국어 책에서 그러라고 했었다. 읽은 책을 요약하고 의견을 달아두는 습관을 유지하면 나중에 다시 봤을 때 과거 자신의 생각이 참으로 멋졌다는 뿌듯함이 든다. 더불어 자존감도 높아진다.

중학생 때 익혀야 할 독서 방법

메모하면서 읽기

중학생이 되면 보기 좋은 글씨체로 손 글씨를 쓰고 싶은 마음도 생겨 정성 들여 글씨를 쓴다. 이런 글쓰기는 속도가 느리다. 그러나 책을 읽으면서 메모를 하거나 강의를 들으면서 필기를 하려면 글씨를 빠르게 써야 한다. 손으로 내용을 메모하면 머리로 이해하는 것보다 글의 논리적 관계를 더 잘 파악할 수 있으며, 모르는 부분도 지나칠 수 없다.

그래서 독서할 때 옆에 공책을 두고 메모하면서 읽으면 기억에 더 오래 남고 앞에 읽은 내용을 잊지 않아 다음 장을 넘길 때 도움이 된다. 공책에 메모를 하면 공책의 어느 위치에 어떤 내용을 써두었는지도 함께 기억에 남아 내용이 더 잘 떠오른다.

특히 외국 사람의 이름과 외국 지명이 많이 나오는 역사물을 읽을 때, 등장인물이 많아 관계 파악이 어려울 때 메모를 하면서 읽으면 내용 파악을 훨씬 잘할 수 있다.

요약을 통해 핵심 파악하기

글은 중심 단락과 뒷받침 단락 및 부연 단락으로 구성된다. 글에서 뒷받침 단락과 부연 단락을 제외하면 작가 주장의 뼈대가 보인다. 여름 나무에서 볼 수 없었던 줄기를 겨울에는 볼 수 있는 것과 같다. 요약하기 훈련을 하려면 요약 글을 잘 썼는지 평가해줄 평가자가 필요하다. 학교 수업에서 하는 요약은 선생님이 평가해주겠지만, 혼자서 읽은 책을 요약하고 평가 받기는 쉽지 않다. 학생이 읽은 글을 평가자도 읽어야 하기 때문이다. 그래서 독서·토론을 같이 하는 스터디 그룹이나 독서·토론 동아리 활동을 하면 좋다. 여력이 되면 부모가 같은 책을 읽고 토론한 뒤 아이가 요약 글을 평가하는 방식으로 집안에서도 독서를 할 수도 있다.

비판적으로 읽기

2015 개정 교육과정에서는 같은 주제의 글을 비교하면서 읽는 '엮어 읽기'를 중시한다. 이러한 엮어 읽기는 한 주장에 대한 다른 주장을 보면서 비판 능력을 기르는 데 도움이 된다. 예를 들어 'GMO 식품은 인체에

해로울 가능성이 크다.'는 주장의 글과 함께 'GMO 식품은 기아에서 벗어나게 해주는 신의 선물이다.'라거나 '생명체는 다른 유전자가 들어오면서 변종이 생겨 현재에 이르렀으므로 유전자 변형이 되지 않은 생명체는 없다.'와 같은 다른 주장의 글을 함께 읽으면서 자신이 어떤 관점에 설 것인지 비판적으로 검토할 수 있다.

고등학생의 공부머리를 기르는 문해력

독서를 배우는 '독서' 과목

우리는 초등학교 3학년 때부터 독서 교육을 위해, 책 고르기 전략, 책 읽기 전략, 독후 활동 전략을 학습했다. 꾸준히 이 과정을 거쳤다면 이제는 독서 관련 활동이 체화됐을 단계다. 고등학교 2, 3학년 과정은 과목 선택형 교육과정으로 운영되는데, 여기 독서 과목이 있다. 이 독서 과목은 2026년 겨울에 보게 될 2027학년도 수능까지는 수능 필수 과목의 자리를 차지하고 있을 전망이다. 그래서 많은 학교에서 '독서' 과목을 2학년 2학기에 필수로 지정해서 가르친다. 2학년 1학기에는 대부분 학교에서 문학 과목을 지정해서 가르친다.

독서 교과서는 국가 교육과정에서 제시한 독서 교육과정의 내용 체계에 따라 구성된다. 이 내용 체계는 '독서의 본질, 독서의 방법, 독서의 분야, 독서의 태도'다. '독서의 본질' 단계에서는 글이나 책을 선택하는 방법과 주제를 통합해 읽는 활동을 한다. 이미 초등학교 때 배우고 실행도 해보았던 내용이다. '독서의 방법' 단계는 '사실적 읽기, 추론적 읽기, 비판적 읽기, 감상적 읽기, 창의적 읽기'로 나뉘는데, 이 역시 초등학교 때부터 해왔다. 이 과정에서 다양한 글을 전략적인 방법으로 읽는 훈련을 계속하게 된다. '독서의 분야' 단계에서는 각 분야의 글을 읽는 활동을 한다. 평생이를 반복하며 여러 책에서 교양을 쌓아, 삶의 다양성을 이해하는 바탕을 만든다. 마지막 '독서의 태도' 단계에서는 자발적으로 독서를 계획하고 실천하기, 동호회 등 독서 모임에 참여하기 등의 활동을 한다.

이미 초등학교 때부터 해왔으므로 내용은 새롭지 않다. 문제는 점점 수준이 높아지는 글을 잘 읽어서 평생의 보약을 만들 수 있는가 하는 점이다. 수능 시험이라면 독서 문제를 다 맞힐 수 있는지, 학생부종합전형이라면 고교 생활 동안의 활발한 독서 활동으로 지적 수준의 넓이와 깊이를 확보해 서류나 면접 평가에서 성공할 수 있는지가 관건이다.

한 가지 분명한 것은 고등학교를 마칠 때 배우는 독서 관련 교육은 이미 초등학교 시절부터 배워왔다는 점이다. 다시 말하면 독서에 어릴 때부터 관심을 갖고 역량을 늘려 왔어야 고등학교 말에 정리가 된다.

독서와 가까운 '심화 국어'와 '논술' 과목

고등학교에는 '독서' 과목 이외에도 독서와 관련된 과목으로 '심화 국어' 과목이 있다. 이 과목의 내용 체계는 '논리적 사고와 의사소통, 비판적 사고와 문제 해결, 창의적 사고와 문화 활동, 윤리적 사고와 학문 활동'이다. 과목의 핵심 내용은 '정보를 수집해 글을 쓰고 말로 한다'는 점이지만 내용 체계는 독서와 같다. '논술' 과목도 독서와 관계가 깊다. 논술 과목의 내용 체계는 '심화 국어'와 비슷하지만 과목 이름이 논술이므로 글쓰기가 중심이다.

지난 교육과정에도 논술 과목은 있었는데 그때는 학교가 '무엇을 가르칠 것인가?'를 자율적으로 정했다. 즉 과목은 있는데 가르칠 내용은 국가 수준에서 정하지 않았다. 그러다 2015 개정 교육과정에서 체계적으로 논술 교육을 위한 내용 체계를 정하여 고시했다. 이 교육과정은 2018학년도 고등학교 입학생부터 적용되었지만, 논술 과목은 보통 2~3학년에 개설되므로 학생들은 2019년과 2020년에 처음으로 배우기 시작했다. 물론 고등학교 교육과정은 학생이 원하는 과목을 선택해서 배우므로 모든 학생이 다 배우지는 않는다.

논술 교육과정은 '논술과 비판적 사고, 분석적 글쓰기, 비판적 글쓰기, 문제 해결적 글쓰기, 자료의 활용과 학습 윤리'의 다섯 영역으로 구분된다. 이 중 '분석적 글쓰기, 비판적 글쓰기, 문제 해결적 글쓰기' 영역이 문해력과 관계가 있다. 이 세 영역을 배우면 글을 읽고 이해하는 단계와 평가하는 단계를 거쳐 자신의 생각을 드러내는 단계를 밟아 자신만의 생각이 담긴 한 편의 글을 만들어낼 수 있다. 즉 논술 교육과정은 문해력을 최대한 기를 수 있도록 설계된 교육과정이다.

교육과정 해설서는 글을 읽고 쓰는 활동의 지침이다. 논술 교육과정은 국어과 교육과정의 독서나 작문 과목과 차별화된다. 논술 교육은 텍스트를 비판적으로 읽고 대안을 제시하는 글쓰기 방법을 알려준다. 국어과 교육과정은 논증적 글쓰기와 실용문, 문학적인 글 등 다양한 텍스트를 읽고 쓰는 방법을 다루고 있기 때문이다. 그러나 읽기와 쓰기를 바탕으로 한다는 점에서는 큰 차이가 없다. 오히려 문해력에서 다루는 '글을 읽고 쓰기' 역량을 집중적으로 기를 수 있는 과목은 논술이다.

이런 과목들을 배워도 문해력은 늘지 않는다. 학생들은 논술 시간에만 텍스트를 분석하고 글을 쓴다. 참 이상하게도 독서 시간에는 독서를 하지 않고 독서의 의미만을 배우며, 작문 시간에는 작문을 하지 않고 글쓰기 원리와 기법만 배운다. 문해력이라는 역량을 기르기 위해서는 언제나 독서를 해야 한다. 독서 시간이든 작문 시간이든 책과 관련 있는 수업에서는 책을 읽어야 한다. 그리고 교과 학습에서 배운 이론을 바탕으로 책을 잘 읽을 수 있는 수준으로 발전해야 한다. 또한 늘 책을 지니고 다니며 글 읽기를 즐겨야 한다. 글 읽기를 즐기는 일은 시작이 어려울 뿐 한번 몸에 배면 오히려 읽지 않을 때 허전하다. 뇌가 즐거워지기 때문이다.

분석적 글쓰기

분석적 글쓰기란 텍스트를 분석하며 읽고 분석한 결과를 기록하는 활동이다. 그러므로 기본적으로 글을 잘 읽어내야 한다. 논술 교육과정에서는 분석적 글쓰기의 개념과 내용을 다음과 같이 제시하고 있다.

분석적 글쓰기의 개념과 내용

영역	개념	내용
분석적 글쓰기	분석글의 성격과 유형	• 분석적 글쓰기는 텍스트의 핵심 내용 이해를 목적으로 분석하는 글쓰기다. • 분석적 글쓰기는 '단순 요약'과 '논증적 요약'으로 구분된다.
	단순 요약 지침과 적용	• 단순 요약 대상에는 문자 텍스트와 비문자적 텍스트가 있다. • 단순 요약문 작성 방법에는 핵심어를 활용하는 방식, 중복 내용을 삭제하는 방식, 여러 사례를 포괄하는 방식 등이 있다.
	논증적 요약 지침과 적용	• 논증적 요약은 텍스트에서 현안, 핵심어, 주장, 근거를 찾아 정리하는 것이다. • 논증적 요약 지침에 따라 분석적 글을 작성한다.
	분석적 글쓰기의 표현 전략	• 간결하고 명료하며 알기 쉽게 표현했는지 검토한다.

분석적 글쓰기는 '텍스트의 핵심 내용 이해를 목적으로' 분석하는 글을 쓰는 것이므로 우선 텍스트를 잘 이해해야 한다. 그런데 분석적 글쓰기는 요약 활동이다. 즉, 요약 방법 중 하나로 대상을 요약하면 텍스트를 잘 이해한 것이다. 교육과정에서 제시한 단순 요약 방법은 '핵심어를 활용하는 방식, 중복 내용을 삭제하는 방식, 여러 사례를 포괄하는 방식'이다. 논증적 요약은 '텍스트에서 현안, 핵심어, 주장, 근거를 찾아 정리하는 것'이라고 정의했다. 이 내용을 바탕으로 읽기 전략을 세우면, '핵심어를 파악하면서 구체적인 사례를 일반화하고, 필자가 다루는 현안을 파악해 주장과 근거 찾기'라고 설명할 수 있다. 이렇게 읽으면 잘 읽은 셈이다. 달리 말하면 이렇게 요약하기 위해서는 문해력이 기본이 되어야 하고, 요약한 글을 보면 문해력 정도를 평가할 수 있다.

아주 오래전, 21세기가 되기 직전에 서울대학교 입시에 논술이 있었다. 당시 공대 논술에도 제시된 글을 요약하는 문제와 글을 쓰는 문제가 출제되었다. 그때 응시한 학생이 남긴 말은 20년이 지난 지금도 기억에 남아 있다.

"논술 중에서 글 쓰는 문제는 쓰면 되니까 별로 어렵지 않은데, 요약하기는 글의 내용을 잘 파악해야 하니 쓰는 것과는 비교가 안 되게 어려워요."

정말 요약이 어려운지 다음 글을 요약해보자.

A) 원시시대의 수렵과 채집으로 생활하던 시대에 혼자 생활하는 것은 각종 위험으로부터 보호해줄 사람이 없었기 때문에 죽음을 의미했다. 그리고 농업시대에는 생산과 양육, 교육 등의 역할을 담당한 가족공동체가 필요했다. 이와 같은 시대에는 혼자 있을 권리와 자기정보통제권은 아무 의미가 없는 시대였다. 공동체가 우선이며 공동체에서 구성원으로 자발적, 의욕적으로 공동체 생활에 기여하고 이바지하는 게 우리들의 삶이었다.

어렵지 않게 읽히는 글이다. 물론 초등학교 저학년이라면 다 어렵겠지만 중학생이라면 이 정도 글은 쉽게 받아들일 수 있다. 원시사회와 정착생활이 시작된 농업생산사회에 대해 배웠기 때문이다. 낯선 어휘는 '자기정보통제권' 정도일 것이다. 모르는 어휘는 종이 사전에서 찾아보면 공부가 되지만 인터넷 국립국어원 표준국어대사전을 찾아보는 편이 가장 정확하다. 국립국어원(https://www.korean.go.kr/)을 검색해 표준국어대

사전에 '자기정보통제권'을 입력하니 표준국어대사전에는 없고 '우리말샘'에 자료가 있다. 우리말샘에는 '자기정보통제권「001」『법률』자신에 관한 정보를 보호받기 위하여 자신에 관한 정보를 자율적으로 결정할 수 있는 권리'라는 설명이 있다. 이 말이 이해가 안 되면 더 찾아봐야 하지만 이해되지 않는 말은 없을 것이다.

이제 요약 단계다. 글은 '원시시대에는 (…) 혼자 있을 권리와 자기정보통제권은 아무 의미가 없는 시대였다. 공동체 생활에 기여하고 이바지하는 게 우리들의 삶이었다.'가 주요 내용이다. 원시시대와 농업시대의 삶을 구체적으로 서술한 부분은 그때가 혼자 있을 권리와 자기정보통제권이 없는 시대였다는 것을 설명하기 위한 내용에 불과하다. 따라서 구체적인 내용을 삭제하고 이어서 서술된 내용을 요약해 붙이면 내용 요약이 된다. 즉 '원시시대와 농업시대 때에는 혼자 있을 권리와 자기정보통제권이 없는 시대였다.'로 요약된다.

좋은 독자라면 다음에 이어질 글을 예측할 수 있다.

다음에 이어질 글의 내용은 무엇일까요?

'현대에는 혼자 있을 권리도 있고 자기정보통제권도 있다'는 내용이 이어질 것이다. 이어지는 단락은 다음과 같다.

B) 프라이버시의 탄생은 초기 자본주의 시대 이후에 산업화가 되고 직업이 생겨나면서 탄생하게 되었다. 그 전까지는 공개된 장소에서 공개적으로 일했고 구성원들과 함께 일하고 생활하는 것이 당연시되었다. 개인의 사생활보다 공동의 이익과 공동생활이 중시되었기 때문이다. 그러나 산업이 발전하면서 기계화·분업화되어 혼자서 살 수 있게 여건이 조성되는 등 일처리 방식이 변화했다. 즉 여러 사람이 만나지 않아도 일을 할 수 있고 각자의 역할을 잘하면 됐다. 또한 사람들을 만나면서 생기는 여러 가지 갈등과 그 갈등을 해결하는 부담을 갖게 되었고 심지어는 귀찮아하는 수준까지 오게 되었다. 심지어 가족과 함께하지 않아도 모든 게 해결되고 코로나19 사태에서와 같이 교육까지도 온라인으로 해결할 수 있게 되었다.

C) 이렇게 프라이버시 시대가 도래했지만 공동체의 안전이 위협 받는 경우에는 프라이버시 권리 일부 제한이 바람직하다는 것을 깨달았다. 전 지구적 위협 상황에서 공동체의 보호 속에 내가 존재한다는 인식이 생겼으며, 공공의 이익과 개인의 권리는 배타적이지 않고 상호 의존하며 양립하는 관계임을 알았다. 헌법 제17조의 '모든 국민은 사생활의 비밀과 자유를 침해 받지 아니한다.'는 조항과 제37조의 '국민의 모든 자유와 권리는 국가안전보장·질서 유지 또는 공공복리를 위하여 필요한 경우 제한할 수 있다.'는 조항에 근거해, 코로나19 팬데믹과 같이 위급한 상황일 때에는 공동체의 이익을 위해 개인의 위치정보와 신용카드 사용 내역 등에서 파악된 동선을 공개해야 한다.

각각의 단락을 요약해 보자.

B) 산업이 발전하면서 만나지 않고 일을 할 수 있게 되자 프라이버시가 탄생했다.

C) 공동체의 이익을 위해 개인 정보가 공개되어도 감수해야 한다.

요약한 내용을 이으면 한 편의 짧은 글이 된다. 짧은 글에 접속어를 넣어보면 자연스럽게 논리 흐름을 파악하게 된다.

원시시대와 농업시대 때에는 혼자 있을 권리와 자기정보통제권이 없는 시대였다.

(접속어1) 산업이 발전하면서 만나지 않고 일을 할 수 있게 되자 프라이버시가 탄생했다.

(접속어2) 공동체의 이익을 위해 개인 정보가 공개되어도 감수해야 한다.

접속어 2는 '그러나'가 적당하다. 앞은 프라이버시 탄생, 뒤는 프라이버시 침해이므로 내용이 상반된다. 접속어 1은 이어지는 내용이므로 '그러나'보다는 '그런데, 한편' 정도가 적절하다.

내용을 파악하면서 글을 읽어가지만, 글에서 매끄럽지 않은 부분이 거북했다면 문해력이 뛰어난 독자다. B 단락을 고쳐보기로 한다.

B) 프라이버시의 탄생은 초기 자본주의 시대 이후에 산업화가 되고 직업이 생겨나면서 탄생하게 되었다. 그전까지는 공개된 장소에서 공개적으로 일했고 구성원들과 함께 일하고 생활하는 것이 당연시되었다. 개인의 사생활보다 공동의 이익과 공동생활이 중시되었기 때문이다. 그러나 산업이 발전하면서 기계화·분업화되어 혼자서 살 수 있게 여건이 조성되는 등 일처리 방식이 변화했다. 즉, 여러 사람이 만나지 않아도 일을 할 수 있고 각자의 역할을 잘하면 됐다. 또한 사람들을 만나면서 생기는 여러 가지 갈등과 그 갈등을 해결하는 부담을 갖게 되었고 심지어는 귀찮아하는 수준까지 오게 되었다. 심지어 가족과 함께하지 않아도 모든 게 해결되고 코로나19 사태에서와 같이 교육까지도 온라인으로 해결할 수 있게 되었다.

'프라이버시의 탄생은 초기 자본주의 시대 이후에 산업화가 되고 직업이 생겨나면서 탄생하게 되었다.'라는 문장이 어색한 것은 주어가 '탄생은'인데 서술어는 '탄생하게 되었다.'이기 때문이다. 두 탄생 중 하나를 지워야 한다. 주어를 '프라이버시는'으로 하면 이후 서술은 자연스럽다. '프라이버시의 탄생은'을 주어로 하려면 '초기 자본주의 시대 이후에 산업화가 되고 직업이 생겨나는데서 비롯되었다.' 정도가 적절하다. 그런데 프라이버시를 주어로 할 때보다 글이 쉽지 않게 된다. 글은 주어와 서술어 연결이 자연스러워야 쉽게 읽힌다. '프라이버시는 탄생했다.'를 기본 구조로 하고 부수적인 요소를 넣어 문장을 구성하는 것이 '프라이버시의 탄생은 ~에 기인한다.'는 기본 구조보다 간결하기 때문이다.

두 번째, 세 번째 문장은 앞 단락에서 했어야 할 이야기이므로 앞 단락으로 이동하거나 없애야 한다. 그 문장이 없다면 '그러나'도 필요 없다.

네 번째 문장인 '산업이 발전하면서 기계화·분업화되어 혼자서 살 수 있게 여건이 조성되는 등 일처리 방식이 변화했다.'에서는 기계화·분업화와 바로 이어지는 내용이 일처리 방식이고, 혼자 살 수 있게 된 것은 이와는 다른 내용이다. 그러므로 정리가 필요하다.

'산업이 발전하면서 기계화·분업화되는 등 일처리 방식이 변했으며, 혼자서 살 수 있는 여건이 조성되는 등 생활 양식도 바뀌게 되었다.'로 수정하면 좀 쉽게 읽힌다. '일처리 방식이 변하고'와 '생활 양식도 바뀌게 되었다.'가 대응되는 구조이므로 안정하게 느껴지기 때문이다. 나머지 부분에서 불편하게 생각되는 부분이 있다면 무엇일까 말해보자.

이상으로 텍스트를 읽고 요약하기, 어색한 문장에 대한 대안을 내기까지 길게 이야기했지만, 독서는 이러한 과정을 단숨에 해치울 수 있도록 우리 뇌를 훈련시킨다. 지속적으로 독서를 하면 단락의 주요 내용을 금세 파악할 수 있고 잘못 사용한 어휘들, 어색한 문맥까지 한번에 잡아낼 수 있다. 수능도 이 정도의 독서 훈련을 해야 쉽게 좋은 성적을 받을 수 있다.

비판적 글쓰기

문해력은 글을 읽고 내용을 파악하는 수준을 넘어 새로운 결과물을 만들어내는 것까지 의미한다. 새로운 산출물은 기존 논리를 비판하는 데서 나온다. 비판적 글쓰기는 새로운 산출물을 만들어가는 과정의 하나이다.

교육과정상 설명은 아래 표와 같다.

비판적 글쓰기의 개념과 내용

영역	개념	내용
비판적 글쓰기	비판글의 성격과 유형	• 비판글이란 텍스트가 지닌 논리적 결점이나 한계를 포착하여 비판적으로 서술하는 글이다. • 비판글에는 텍스트에 대한 비판에 그치는 글과 비판한 뒤 대안을 덧붙이는 글이 있다.
	비판 지침과 적용	• 다양한 방법을 활용하여 텍스트를 비판적으로 검토한다. • 비판글 쓰기지침에 따라 검토한 내용을 정리하여 비판글을 작성한다.
	대안 모색 및 제시 방법	• 글쓴이의 견해 또는 문제 해결 내용을 수정 및 보완한다. • 새로운 대안을 모색하고 정당화한다.
	비판적 글쓰기의 표현 전략	• 자신이 작성한 글에서 비판을 위한 비판 혹은 '말꼬리잡기식' 비판이 있는지 검토할 필요가 있다. • 자신이 작성한 글의 표현이나 내용에서 인신 공격적 요소가 있는지 살펴볼 필요가 있다. • 자신이 작성한 글이 논의의 핵심을 벗어난 무익한 비판이 되지 않도록 하는 것이 중요하다. • 자신이 작성한 글이 지나치게 추상적이거나 형식적인 비판에 그치지 않도록 한다.

핵심은 '텍스트가 지닌 논리적 결점이나 한계를 포착하여 비판적으로 서술'한다는 내용이다. 즉, 글을 읽으면서 논리적 결점이나 한계가 없는지 비판적으로 생각하면서 읽어야 한다.

앞에서 본 '공동체의 이익을 위해 개인 정보가 공개되어도 감수해야 한다.'는 예시문을 비판적으로 본다면 어떤 점을 문제 삼을 수 있을까?

– 공공의 목적에 부합하는 경우와 아닌 경우의 기준은 무엇인가?

– 어떤 경우에 어떤 항목을 공개하는 것이 적절한가?

– 실명 공개도 허용해야 하나?

위와 같은 점이 주요 비판적 내용에 포함될 것이다.

문해력이란 문자를 읽는 수준보다 더 높은 차원의 소통 방식이다. 따라서 글을 읽고 고개를 끄덕이는 수준에서 갸우뚱하는 수준까지는 생각이 발전해야 한다.

문제 해결적 글쓰기

문제 해결적 글쓰기는 모든 글쓰기의 최종 목적지다. 글쓰기와 말하기는 어떤 문제에 대하여 해결 방안을 제시하는 활동이다. 문해력이 공부의 핵심인 이유도 공부의 기본이 자기 생각을 논리적으로 잘 밝혀 문제 상황에 대한 해결 방안을 제시하는 것이기 때문이다. 논술 교육과정에서는 문제 해결적 글쓰기의 개념과 내용을 다음 장의 표와 같이 밝혔다.

고등학생의 논술 쓰기인데도 기본은 초등학교 3, 4학년 교과서에 있는 그대로다. 결국 모든 문해력의 출발점은 열 살 때 배우는 국어 과목에 있다는 말이다. 이후 10년 가까이 글을 분석하고, 따져 읽고, 문제를 발굴해서 대안을 마련하는 글을 쓰는 데까지 다다르면 문해력 강자가 된다.

이 정도 공부하면 인문·사회 논술고사에도 대비가 된다. 물론 2028학년도 대입에 도입될지도 모르는 서·논술형 수능에도 대비가 된다. 입시뿐 아니라 취업을 준비할 때, 직장에 다닐 때도 글을 잘 읽고 잘 요약하고 비판적으로 바라보면서 자신의 생각을 표현하는 능력은 큰 도움이 된다.

문제 해결적 글쓰기의 개념과 내용

영역	개념	내용
문제 해결적 글쓰기	문제 해결적 글의 성격과 유형	• 논술문은 하나의 문제 해결 과정. 즉 특정한 현안(혹은 논의 주제)과 관련하여 자신의 견해(혹은 해결책)를 정립하고, 이를 정당화(입증, 논증)함으로써 독자를 이성적으로 설득하는 글이다. • 논술문의 일반 구성은 '도입, 본론, 마무리'로 구성된다. • 논술문에는 논의 주제가 확정되어 있는 유형과 스스로 설정하는 유형이 있다.
	논술문 작성을 위한 탐구 과정	• 논술문의 주제를 설정하기 위해 관심사로부터 현안 문제(논의 주제)를 정한다. • 논술문의 현안 문제 해결을 위한 자료들을 충분히 검색한다. • 논술문 작성을 위해 검색한 자료를 바탕으로 또는 창의적으로 잠정적 해결책을 도출한다.
		• 설정된 현안 문제와 잠정적 해결책을 중심으로 개요를 작성한다.
	논술문 작성 과정	• 논술문의 도입부에는 독자의 관심을 유도하고 주제를 폭넓게 소개하는 내용이 들어간다.
		• 논술문의 본론에는 해결할 구체적인 문제 또는 세부 주제를 정립한다. • 논술문의 본론에서 적절한 근거들을 제시하여 해결책 또는 견해를 정당화한다. • 논술문의 본론에는 해결책 또는 견해에 대한 예상 반론을 검토하고, 그에 대한 재반론을 기술한다.
		• 논술문의 마무리에서는 본론에서 다룬 구체적인 문제와 해결책 또는 견해의 핵심 내용을 간략하게 재진술할 수 있다. • 논술문의 마무리에서는 자신의 해결책(또는 견해)이 지니는 함축 또는 전망을 제시할 수 있다.
	논술문의 퇴고와 수정	• 논의 전개가 자연스러운지, 불명확한 표현이나 문장이 있는지, 문법적 오류가 없는지, 문맥이 전체적으로 설득력이 있는지 검토한다.

4장

문해력은
입시에 유리한
공부머리를 키운다

문해력과 대학입시는 떼려야 뗄 수 없다

대학이 학생을 선발하기 위해 정한 요소를 대입 전형 요소라고 한다. 대입 전형 요소는 학교생활기록부, 수능, 논술 세 가지이다. 2027학년도 대입까지 수능은 현재와 같은 모습으로 존재할 것이고, 2028학년도 대입부터는 수능에 서·논술형 문항이 도입될 수도 있다. 논술로 말하면, 어떤 방식으로든 글쓰기 영역으로 학생을 선발하려는 시도가 있을 것이다. 이제 수능 전형이든 논술 전형이든 문해력이 없다면 좋은 성적을 받을 수 없다.

한편, 학생부위주전형에서는 학생이 학교생활을 하며 어떤 역량을 길렀는지를 판단하여 선발한다. 이 전형은 고등학교를 잘 다니라는 메시지를 주는 전형이다. 대학은 학생이 학교에 잘 다녀 기본기를 잘 닦아 오기를 바란다. 그런 점에서 학생부위주전형의 주안점은 '학생이 학교 공부를 충실히 했는가'에 있다. 이때 학교 공부를 충실히 한다는 것은 문해력을 기르는 일과 깊은 관련이 있다.

어릴 때부터 문해력을 기르지 않으면 학교 수업이 갈수록 이해되지 않고 흥미도 없어지므로 교실에 앉아 있는 것이 고역이다. 이러면 아이는 공부 환경을 학교 밖으로 옮기고 싶어 한다. 실제로 학교를 그만두겠다고 하는 학생이 점점 늘고 있어 문제가 되고 있다. 그러나 학교 밖으로 나가서 공부하기란 쉬운 일이 아니다. 결국 학생부로 학생을 선발하는 제도는 학생이 학교생활을 충실히 해오도록 요구하는 것이며, 그 바탕에는 문해력이 있다.

서울대학교는 학생부종합전형으로 선발하는 수시 전형에서뿐 아니라 수능 위주로 선발하는 정시에서도 학교 공부 성취도를 보겠다고 말했다. 2023학년도 대입부터 정시에 학생부 교과 영역을 평가한다고 한 것이다. 이 안은 2027학년도 대입까지 이어질 전망이다. 대학입시는 2028학년도에 달라질 예정이기 때문이다. 이 발표안의 목적은 정시 입학을 위해 수능의 선택형 문항의 정답을 찾는 공부만으로는 대학 공부를 해내기 어려우니 고등학교 교육과정을 정상적으로 이수하라는 뜻이다.

물론 서울대도 정시에서 1단계에서는 2배수를 수능 성적으로 선발하므로 정시로 진학하려면 수능 성적이 절대적으로 중요하다. 그러나 어떤 과목을 선택하여 어떻게 공부했는지를 평가에 포함하면 학교 수업도 매우 큰 비중을 갖게 된다. 수능 성적이 비슷한 학생들이 지원하기 때문에 합격과 불합격이 학생부 교과 평가 결과에 따라 달라지는 것이다.

교과 평가는 두 명의 입학사정관이 A, B, C로 평가하는데, A·A는 10점, A·B는 8점, B·B는 6점, B·C는 3점, C·C는 0점이 된다. 즉 A(10점), B(6점), C(0점)의 점수를 합한 점수의 평점이 지원자의 점수이다. 한편 A·C처럼 두 단계 차이가 나게 평가하지는 않는다. 그런데 이때 교과 평가에서 A·A나 A·B를 받을 학생이라면 이미 수시에서 학생부종합전형으로 합격했을 것이다. 정시 지원자는 대부분 B·B부터 B·C 사이의 평가를 받을 것으로 예상되고, 결과적으로 2~3점 차이가 날 것이다. 2~3점도 아까우면 어려운 과목을 회피하지 말고, 수업에 잘 참여해 세부능력 및 특기사항 기록에서 학습에 충실했던 상황을 보여주면 된다. 또 3학년 2학기도 치열하게 보내면 좋은 점수를 받을 수 있으니 끝까지 학교 공부에 충실해야 한다.

그런데 '어려운 과목을 회피하지 말고, 수업에 잘 참여해 세부능력 및 특기사항 기록에서 학습에 충실했던 상황을 보여주는' 공부를 한다는 것은 특목고에서 배우는 전문 교과를 이수하라는 게 아니라, 일반고에서 주로 배우는 보통 교과 과목 중 어렵다고 알려진 과목(이 과목들은 대부분 수능 범위의 과목 중 응시자가 적은 과목이다)까지를 잘 이수하면 될 일이다. 그동안 서울대는 보통 교과 수준의 학습을 성실히 할 것을 강조해왔다. 서울대에서 말하는 어려운 과목은 학생들이 잘 선택하지 않는 보통 교과에 속한 일부 과목이라는 뜻이다.

서울대 권장도서 100선이
입시에 도움이 될까?

서울대 권장도서로 독서를 하면 위험하다

권장도서는 독서를 할 학생의 학년과 그 학년 교육과정을 염두에 두고 만들어진다. 학교에서는 오래전부터 독서 교육을 추진해왔고 독서 교육으로 활용하는 책은 주로 권장도서였다.

그중에서 가장 눈길을 끄는 것은 서울대 권장도서다. 권장도서의 최고 정점이기 때문이다. 서울대 권장도서라는 이름만으로도 초·중·고 각 학교급이나 교육청에서 제공하는 권장도서에 비해 수준이 높은 책들로 구성되어 있을 것 같은 느낌이 온다.

여기 추천된 책을 읽으면 서울대생이 될까? 그렇지 않다. 추천된 책을 읽으면 오히려 해가 되나? 그런 것도 아니다. 그렇다면 서울대 권장도서를 목표로 삼는 것을 왜 부정적으로 말하나?

서울대 권장도서는 서울대생이 읽기를 권하는 책 목록이다. 이 권장도서 목록은 2005년 정운찬 서울대 총장의 재임기간 중에 만들어졌다. 권장도서를 내면서 권장도서 해제집도 발간했는데, 발간사에서 밝힌 권장도서 선정 의도를 보면 중·고생이 읽기에는 무리일 수 있다는 사실을 알수 있다. 아래 글은 서울대학교 권장도서 해제집의 발간사이다.

길지 않은 대학생활 동안 학생들이 접하는 도서 목록에는 다양한 종류의 책이 들어있겠지만, 그중에는 학문의 기초가 되며 앞으로 사회에 나가 선도적인 역할을 하기 위해 필요한 품성을 도야할 수 있는 내용이 담긴 책이 반드시 포함되어 있어야 한다. 서울대학교에서 이번에 발표하는 권장도서 100권의 목록은 바로 그런 책들의 목록이다. 물론 여기서 100이라는 숫자는 어느 정도 임의적인 것이며 결코 완결된 전체를 의미하지는 않는다. 권장도서는 인생과 학문의 주어진 문제를 해결하기 위해 우선적으로 출발할 수 있는 도서들이며, 문제를 풀어가는 과정에서 얼마든지 새로운 책들이 추가되고 보완될 수 있는 것이다.

서울대 권장도서는 '지금까지 인류가 성취해온 문명의 정수를 담은 고전을 읽어 종합적인 판단과 창의적인 사고를 할 수 있는 전문가로 성장하는 데 필요한 도서를 선정한 것'이라고 한다. 이 100권을 다 읽었다고 모든 고전을 다 섭렵했다고 자만해서도 안 되고, 100권을 다 읽으라는 무리한 주문도 아니라는 말이 학생들에게 주는 시사점이다.

100권의 도서는 한국문학, 외국문학 등 문학 부문이 48권으로 거의 절반에 이른다. 이 중 한국문학 부문은 《구운몽》, 《춘향전》, 《무정》, 《삼대》, 《천변풍경》, 《토지》, 《광장》 등 대체로 고등학교 문학 수업에서 다루는 작품이 대종을 이룬다. 외국 문학 부문은 고등학교 문학 수업에서는 다루는 범주가 좁아 스스로 찾아 읽어야 할 작품이 많다. 《루쉰 소설 전집》, 《신곡》, 《그리스 비극》, 《위대한 유산》, 《허클베리 핀의 모험》, 《파우스트》, 《양철북》 등과 같은 책이 추천되었는데, 지역과 시대를 넘나들어 제시되었다. 동양 사상 부문은 《삼국유사》, 《퇴계 문선》, 《율곡 문선》, 《주역》, 《논어》, 《맹자》, 《대학》, 《중용》, 《장자》 등 이름은 아는 책이 대부분이다. 서양사상도 《국가》, 《니코마코스 윤리학》, 《군주론》, 《방법서설》, 《슬픈 열대》 등 이름을 아는 책들이다. 과학기술에는 《과학혁명의 구조》, 《부분과 전체》, 《이기적 유전자》 등 서울대에 지원하는 학생이 자기소개서에 쓴 책도 많이 눈에 띈다. 이 책 목록은 서울대 기초교육원 홈페이지에 있었는데, 지금은 목록을 제시하고 있지 않아 100권의 목록이 달라졌는지 확인할 길이 없기 때문에 권장도서는 역사 속으로 사라졌다고 해야 옳다.

독서는 한층 더 높은 지식과 지혜의 단계로 높이 올라갈 수 있는 사다리 역할을 한다. 하지만 한꺼번에 두세 단계를 올라가려 하면 굴러떨어지기 십상이다. 독서 역량이 떨어지는 학생이 서울대 권장도서부터 본다면, 학생의 수준에 비해 목표가 높아 책 읽기가 싫어질 수 있는 위험이 있다. 거기다 권장도서 목록의 책이 아니면 무의미하다는 오해를 하기 쉽다. 그래서 권장도서 100권을 염두에 두고 책을 읽는 것은 위험하다.

서울대 입학본부가 독서에 대해 말하다

서울대 입학본부에서는 입학사정관제 시절부터 안내 책자를 발간해서 고등학교에 제공했다. 서울대 입학본부는 책 읽기의 소중함을 강조해왔다. 초기 입학사정관제 안내자료인 2013학년도 자료부터 독서 관련 내용이 실렸다.

예비 서울대 학생이라면 독서는 기본!

모든 공부의 기본은 독서! 바쁘고 할 것도 많은 고등학교 생활이지만 독서를 소홀히 할 수는 없겠지요? 문학, 교양서적에서부터 학습과 관련한 전문 서적도 꾸준하게 많이 찾아 읽는 노력을 기울여야 합니다. 독서를 하는 동안 생각하는 힘, 글쓰기 능력, 전문 지식, 교양이 나도 모르게 쑥쑥 커갑니다. 하지만 타의에 의한 수박 겉핥기식 독서는 도움이 되지 않습니다. 많은 책 가운데 왜 그 책을 읽게 되었는지, 읽고 나서 무엇을 생각하게 되었는지 항상 염두에 두길 바랍니다. 서울대학교는 독서를 통해 생각과 마음을 키워온 큰 사람을 기다립니다.

이 제언은 학생부종합전형 안내 책자에 계속 실렸다. 이 글에서 서울대학교는 전공과 무관하게 다양한 분야의 책을 읽을 것을 권장한다. 특히 '타의에 의한 수박 겉핥기식 독서'를 경계하고 있다. 이와 같은 내용은 2020년 7월에 배포된 2021학년도 학생부종합전형 안내 책자에도 실려 있다.

예비 서울대 학생이라면 독서는 기본입니다

독서는 모든 공부의 기초가 되며, 대학생활의 기본 소양입니다. 어디서 책을 찾을까요? 수업 안에서도 답을 얻을 수 있습니다. 교과와 관련된 인문학, 사회과학, 자연과학, 철학, 공학 분야 도서를 수업 활동 중 선생님이 추천해주실 수도 있고 토론 활동, 주제 탐구 활동에도 관련 도서를 만날 수 있습니다.

어떤 책을 읽어야 할까요? 그것은 여러분의 선택입니다.

이미 학교생활에서 도서를 선정하는 계기를 많이 접할 수 있을 것입니다. 더 알고 싶은 분야의 전문 서적을 찾아 읽을 수도 있고, 호기심으로 책을 선택할 수도 있을 것입니다. 책을 읽다가 생긴 궁금증으로 또 다른 책을 선택하기도 합니다.

어떤 분야의 책이든지 읽고 또 읽어가는 사이에 생각하는 힘, 글쓰기 능력, 전문지식, 의사소통 능력, 교양이 쌓여갈 것입니다. 타의에 의한 수박 겉핥기식 독서는 도움이 되지 않습니다. 수많은 책 가운데 그 책이 나에게 왜 의미가 있었는지, 읽고 나서 나에게 어떤 변화를 주었는지 생각하기 바랍니다.

서울대학교는 독서를 통해 생각을 키워온 큰 사람을 기다립니다.

여전히 다양한 책 읽기를 권하고 있다. '타의에 의한 수박 겉핥기식 독서는 도움이 되지 않습니다.'를 계속 반복해서 강조한다. 보강된 내용은 스스로 선택해서 읽으라는 조언이다.

서울대 웹진 〈아로리〉에서 말하는
입시에 도움이 되는 책

서울대는 오히려 다른 사람이 읽는 책을 따라 읽는 독서 방식을 걱정한다. 서울대는 학생부종합전형 안내 이외에도 웹진 〈아로리〉에 서울대 지원자들이 자기소개서 4번 문항에 적은 책들을 분석해서 목록으로 제시하고, 이에 대한 평을 달아 왔다. 자기소개서 4번 항목은 '자신에게 가장 큰 영향을 준 책을 3권 이내 선정해 그 이유를 기술하라.'는 것이다. 서울대가 이렇게 자신에게 영향을 준 책 3권을 요구하는 이유는 학생들에게 독서를 장려하기 위해서다. 서울대가 독서를 중시하고 있다는 메시지를 수험생뿐 아니라 각 학교에도 전파하려는 의도도 있다.

웹진 〈아로리〉는 2014학년도 지원자들이 제출한 도서 목록을 시작으로, 격년으로 대입 지원자들이 제출한 도서 목록을 분석해 2020학년도 지원자가 제출한 도서 목록까지 분석해 이와 관련한 글을 실었다. 그 결과 2020년에 가장 많이 적은 책은 장 지글러의 《왜 세계의 절반은 굶주리는가?》였다. 이 책을 언급한 수험생은 365명이다. 2020학년도에 자기소개서를 제출하는 수시모집 지원자는 학교장이 2명을 추천하는 지역균형선발전형에서 2,461명, 일반전형에서 14,649명으로 총 지원자는 17,110명이었다. 이 지원자들이 3권의 책을 적었다면 51,330권의 책이 언급되었을 것이다. 가장 많은 지원자가 본 책이라고 해도 전체 지원자 중의 0.7%에 해당하기 때문에, 여기 언급된 책이 의미가 있다고 보기에는 무리가 있다.

2014학년도부터 2020학년도까지 매번 10위 안에 든 책은 네 종류이다. 《왜 세계의 절반을 굶주리는가?》는 지속적으로 1, 2위를 차지했다. 순위로 보면 가장 영향력 있는 책이다. 다음으로 마이클 샌델의 《정의란 무엇인가》와 리처드 도킨스의 《이기적 유전자》가 영향력이 있었다. 그 다음은 제레미 리프킨의 《엔트로피》가 차지했다. 이외에도 2020년 가까운 해에 상위권을 차지한 책은 기시미 이치로, 고가 후미타케의 《미움받을 용기》와 레이첼 카슨의 《침묵의 봄》 등이 있다. 이와 함께 단과대학별 1위부터 3위까지의 도서를 공개했는데, 사범대학은 《죽은 시인의 사회》가 1위, 경영대학은 《넛지》가 1위, 간호대학은 《나는 간호사, 사람입니다》가 1위였다. 주로 전공 분야와 밀접한 관련 도서가 제출되었다.

서울대는 이미 2014년 분석에서 '대학 입학에 유리한 책은 없다. 만약 그러한 책이 존재한다면 필자(서울대 입학본부를 지칭함) 역시 매우 궁금할 만한 책들이다. 그리고 우리 대학은 '어떤 책'을 읽은 학생보다 능숙한 독서 능력을 지닌 학생들을 기대하고 있다.'고 말하면서 '서울대 지원자들이 어떤 책을 읽었다고 내세웠는지를 살펴보는 이유는 〈아로리〉의 이 코너가 지향하는 재미 이상의 것은 아니다.'라고 적는다. 이어서 '가장 주목할 만한 사실은 2명 이상 제출하지 않은, 즉 혼자만 제출한 책의 종류가 8,731종으로 제출한 도서 목록의 64%를 차지한다는 이야기다.'는 말로 마무리한다. 오로지 혼자 읽은 책은 이후 지속적으로 늘어 2015학년도 대입에서는 9,011건, 2016학년도 대입에서는 9,471권이나 되었다.

　2016년 〈아로리〉의 평에서는 '책의 분량이 독서 시간과 절대적인 상관관계를 지니지 않는 점을 고려할 때 단순히 가벼운 분량의 책이라고 해서 그 속에 담긴 내용의 깊이와 무게가 결정되는 것은 아니지만 책상 앞에 꽂아두고 몇 번씩 다시 읽을 만한 책과 그렇지 않은 책이 목록 안에 자리하고 있는 것은 조금 안타깝게 느껴진다.'고 한 점이 눈에 띈다. 또한 '그럼에도 왜 서울대학교 지원자들이 읽은 책의 상위권 목록은 변함이 없을까?'라고 한 반문은 학생들의 독서 현실에 대한 개탄이다.

　2016년의 〈아로리〉에서 독서에 관해 2014년의 〈아로리〉 글을 다시 인용해서 보여준 다음 언급은 공부하려는 학생들에게는 마음에 번개 자국을 남길 말이다.

고교 생활에서 특별히 시간을 내어 책을 읽을 시간이 많지 않다는 말이 마치 상식인 것처럼 현실로 받아들이는 경향이 있다. 안타깝다. 이미 기본적인 읽기 교육은 학교 교육과정을 통해 이루어지고 있으며 학교생활

기록부에도 독서 활동 상황이 필수적으로 기재된다. 그밖에도 학교에서 별도로 독서프로그램을 운영하는 사례도 자주 확인할 수 있다. 그럼에도 책 읽을 시간을 따로 내어야 한다는 말은 도대체 학생들이 무엇에 시간을 가장 우선적으로 사용하고 있다는 말인지 궁금하다. 물론 '공부'하는 데 시간을 가장 많이 사용하고 있다고 쉽게 떠올릴 수 있다. 그럼 여기서 말하는 '공부'라는 것은 무엇인지 되묻고 싶다. 서두에서도 밝힌 것처럼 학문의 메카인 상아탑의 출발점은 독서라고 말씀드린 점, 그리고 여기에 동의하시는 학생들이라면 지금 무엇이 '공부'인지 쉽게 이해할 수 있을 것으로 생각한다. 　　　　　　　　　　　　　-〈아로리 2호 zoom in poll〉

〈아로리〉의 말은 '공부'에 대한 인식을 지적한다. 수능 대비 문제풀이 공부에 시간을 쏟는 학생들에게 책 읽기의 의미를 다시 일깨운다. '학문의 메카인 상아탑의 출발점은 독서라고 말씀드린 점'의 의미를 이해했다면, 상아탑에 들어가려는 자는 독서를 중시해야 한다는 것을 알았을 것이다.

2016년의 〈아로리〉에서 '몇 번씩 다시 읽을 만한 책과 그렇지 않은 책이 목록 안에 자리하고 있는 것은 조금 안타깝게 느껴진다.'라고 한 아쉬움이 담긴 말은 2018년에도 등장한다. 학생들이 많이 읽었다는 《미움 받을 용기》에 대하여 '청춘의 초입에서 오늘날 학생은 이토록 《미움받을 용기》에 도취되는가. 자기소개서 내용을 살펴면 기시미 이치로식의 '아들러 이해'는 애초 관심사가 아니었던 것 같다. 실업과 양극화와 가정해체의 교차점에서 발로한 각개약진의 고단함. 그 애달픔의 토로이자 위안이 책을 잡은 힘센 이유였지 두 번, 세 번 읽었기에 소중한 책은 아닌 셈이다.'라고 다시 언급하고 있다. 이를 다시 읽어보면 서울대가 정보를 제공해도 그 정보를 받아 가지 못하는 수험생이 많거나 관심이 없어 이런 언급의 존재를 모르는 게 아닌가 생각된다.

2020학년도 〈아로리〉는 재학생의 글로 '후배에게 해주고 싶은 이야기'로 책 읽기의 핵심을 이야기한다. 여기서 가장 인기 있는 글은 새내기 컴퓨터공학부 K○○의 글이다. 여러 사람에게 회자되고 많이 인용된다. 내용은 다음과 같은 내용으로 시작한다. '독서를 할 때 너무 어려운 책만을 읽으려고 하지 않아도 된다고 생각합니다. 저의 경우 서울대 자소서에 작성한 책 3권 모두 사람들이 흔히 이야기하는 고전이나 수준이 높은 과학 서적 같은 책과는 아주 거리가 먼 책들이었습니다.' 어려운 책을 읽은 경험이 없는 학생들에게는 위로가 되는 말이다.

그러나 현재 공부를 하는 학생은 다음과 같은 역량이 필요함을 다시 떠올려야 한다. '500쪽짜리 책을 읽고 내용을 요약해보고, 핵심 질문을 두 개 생각해내고 프레젠테이션 자료를 만들어 발표했다.' 이 정도가 독서 능력의 목표다.

서울대 지원자가 제출한 책 순위 베스트 10

	2020	2019	2018	2017	2016	2015	2014
1	왜 세계의 절반은 굶주리는가?	미움받을 용기	미움받을 용기	미움받을 용기	왜 세계의 절반은 굶주리는가?	왜 세계의 절반은 굶주리는가?	왜 세계의 절반은 굶주리는가?
2	미움받을 용기	왜 세계의 절반은 굶주리는가?	왜 세계의 절반은 굶주리는가?	왜 세계의 절반은 굶주리는가?	이기적 유전자	이기적 유전자	아프니까 청춘이다
3	침묵의 봄	침묵의 봄	이기적 유전자	이기적 유전자	정의란 무엇인가	정의란 무엇인가	이기적 유전자
4	정의란 무엇인가	데미안	정의란 무엇인가	정의란 무엇인가	데미안	연금술사	정의란 무엇인가
5	데미안	정의란 무엇인가	멋진 신세계	엔트로피	엔트로피	아프니까 청춘이다	연금술사
6	죽은 시인의 사회	멋진 신세계	사피엔스	죽은 시인의 사회	멋진 신세계	멋진 신세계	페르마의 마지막 정리
7	엔트로피	이기적 유전자	1984	연금술사	미움 받을 용기	엔트로피	멈추면, 비로소 보이는 것들
8	이기적 유전자	사피엔스	페르마의 마지막 정리	멋진 신세계	연금술사	죽은 시인의 사회	꿈꾸는 다락방
9	부분과 전체	죽은 시인의 사회	데미안	페르마의 마지막 정리	페르마의 마지막 정리	데미안	멋진 신세계
10	1984	엔트로피	엔트로피	1984	1984	돈으로 살 수 없는 것들	오래된 미래

공부머리를 기르는 책은 어떤 책일까?

'learn to learn'이라는 말이 나타났다. 'learn to cook'은 '요리를 배우다', 'learn to love by loving'은 '사랑함으로써 사랑을 배우다'라는 말로 번역되는 것처럼 'learn to learn'은 '배우기를 배우다'라고 번역해야 하지만 왠지 2% 부족해 보인다. '학습법 학습'은 어떤가? 어떤 말로 이 말을 번역하든 배우는 방법 자체를 배워야 하는 시대가 되었다. 사실 배우는 법을 배운다는 말도 진의를 담아내기에는 부족해보인다. '학습 역량에 대한 학습' 정도가 그나마 진의를 보여준다. 학습법은 방법에 치우친 느낌이지만, 학습 역량은 배우는 방법뿐 아니라 배우고 싶은 의지와 열망을 포함하는 어감이기 때문이다.

학습해야 할 대상이 정해져 있을 때는 학습 역량이 중시되지 않았다. 지금까지의 공부는 교과서를 외우고 이를 바탕으로 문제에서 정답 선택지를 골라 높은 점수를 맞기 위한 것이었으므로 더 정밀한 사고를 바탕으로 매력적인 오답들 사이에서 정답을 골라내는 능력을 기르면 됐다. 시행착오를 줄이고 선택지 중에서 틀리는 이유를 발견해내는 연습에 매진하면 됐다.

그러나 이제는 전혀 다른 세상이 되었다. 지금까지의 지식으로는 해결할 수 없는 문제들이 나타나고 있다. 학교에서 배우는 내용은 유효기간이 불과 몇 년에 지나지 않는다. 1970년대에 대학에서 반도체를 전공한 사람은 그때 배운 내용으로 30년은 거뜬히 먹고 살았지만, 지금은 아니다. 치과대학 다닐 때는 없었던 교정과 임플란트 기술이 도입되자 임플란트를 새로 배우지 않았다면 벌써 백수가 되었을 거라는 치과의사도 있다. 어떤 이는 컴퓨터공학 전공에서 네트워크를 배웠는데 졸업하니 대학생 때는 없었던 클라우드가 대세가 되었다고 말한다. 그래서 이 시대에 적응할 수 있는, 시대가 필요로 하는 인재는 '새로운 것을 학습하는 역량이 있는 사람'이다.

새로운 것을 학습하기 위해서는 평생 공부하고 싶은 마음이 있어야 한다. 고등학교 때 입시를 준비하고 대학에 합격하는 순간 공부에서 해방되었다는 마음으로 공부는 더 이상 하지 않을 생각이라면 평생 공부하고 싶은 마음이 들 리가 없다. 평생 학습은 평생 학습할 필요를 느끼고 계속해서 새로운 것을 공부하겠다는 마음이 있어야 할 수 있다.

평생 학습하고 싶은 마음이 있다면, 지식을 습득할 수 있는 기본을 갖추어야 한다. 이 기본은 독서에 있다. 책을 통해 새로운 지식에 접근할 수 있는 사람이 학습 역량을 갖춘 사람이다. 책은 도서관에 있고 서점에 있다. 도서관과 서점을 방문하는 사람이 학습 역량을 갖출 생각이 있는 사람이다. 책이 있는 곳에 가면 원하는 책을 찾는 동안 유사한 다른 도서도 볼 수 있다. 요즘은 인터넷 서점에서도 찾는 책을 검색해보면 그 책을 산 고객이 함께 구매한 책을 보여주는 서비스를 제공한다. 서점 입장에서는 책을 더 팔려는 목적이겠지만 학습자 입장에서는 새로운 책 정보를 얻을 수 있는 기회다. 그래도 직접 서점이나 도서관에 가서 책을 살펴보고 차례를 읽으며 책의 내용을 짐작하는 기쁨에 비할 수는 없다.

온라인에서도 많은 글을 찾아볼 수 있다. 온라인에 올라온 글에도 훌륭한 정보가 많이 있다. 그러나 글이 짧다는 한계가 있다. 단행본 한 권이 수백 쪽에 달하는 내용을 일관되게 기술하는 데 비해 온라인 글은 생각의 길이가 길지 않다. 그래서 학습하는 법의 학습은 독서를 바탕으로 한다. 그리고 독서란 긴 글로 적힌 필자의 생각을 따라가면서 비판적으로 읽고, 읽고 난 다음 또는 읽는 과정에서 자신의 생각을 보태는 것이다.

사실 인쇄된 도서도 한두 쪽짜리 생각을 모아서 책으로 만든 경우도 많은데, 이런 종류의 책은 단편적인 지식을 제공하기는 하지만 깊이 있는 사고력을 기르기에 적합하지 않다. 백과사전과 같은 이 책들은 얕은 교양과 퀴즈에 필요한 지식을 모아둔 창고 역할을 할 뿐이다. 긴 글을 기억할 준비가 되지 않은 초등학생에게는 이런 길이가 적절할 수 있다. 그러나 독서의 최종 목표는 한 가지 생각을 담은 긴 글을 읽어내고 의미를 비판적으로 받아들이는 데 있다는 점을 늘 머리에 두어야 한다.

공부머리를 기르는 독서 습관

500쪽의 책을 쉬지 않고 읽은 뒤, 내용을 정리하는 경지에 도달하려면 거쳐야 할 독서의 단계가 있다. 이 단계는 초등학교 국어 교과서에서 배웠지만, 500쪽짜리 책을 읽어야 하는 고등학생 수준에 맞춰 설명하면 다음과 같다.

차례를 보고 책의 구성을 파악한다

차례나 책의 내용을 훑어보는 단계는 차이가 없다. 초등학교 4학년 때 이렇게 하라고 배웠다. 이제는 책을 잡으면 차례부터 보는 습관이 몸에 배어 있어야 한다. 차례를 보고 난 다음에는 작가와 작가의 말도 볼 필요가 있다. 인터넷에서 서평을 검색해도 책의 내용을 파악하는 데 도움이 된다.

각 장별로 읽은 내용을 정리한다

책을 읽으면서 각 장별로 요약해야 한다. 500쪽짜리를 단숨에 읽어야 한다는 말에 주눅들 필요는 없다. 이 말은 끝까지 읽어야 한다는 말의 과장이다. 500쪽짜리 책을 메모도 없이 읽고 한숨에 요약하면 중요한 내용을 빼먹을 수도 있고 기억이 왜곡되는 부분도 생길 수 있다. 꼭 메모하고 요약하면서 읽어가야 한다.

두고 두고 읽을 만한 책은 사서 읽자

도서관에서 책을 빌리면 깨끗이 읽고 반납해야 하므로 중요한 대목은 사진을 찍고 파일에 의견을 기록해둘 수 있다. 자기 소유 책은 밑줄을 치거나 의견을 적을 수도 있고 한 귀퉁이에 요약을 할 수도 있다. 두고 두고 읽을 만한 책은 사서 읽는 것이 좋다.

요약한 내용에 대한 자신의 생각을 적는다

책을 읽는 과정 또는 읽은 뒤에는 생각하는 시간을 가져야 한다. 비판적으로 읽는 시간을 갖는 것이다. 책을 관통하는 논리적 일관성 등을 파악하고 주장과 논거는 신뢰할 수 있는지도 알아봐야 한다. 예컨대 실제 지구는 평평한데 영화 〈트루먼 쇼〉처럼 만든 무대에서 지구를 둥글게 만들어 믿게 하고 있다든가, 지구는 구형이 아니고 반구형이라든가 하는 등의 주장을 한다면 신뢰할 수 있는 주장인지를 확인하려고 할 것이다. 알고 있는 지식에 반하는 주장이기 때문이다. 그런데 많은 주장이 사실에 부합하지 않을 수도 있으므로 늘 비판적으로 보아야 한다.

독후 토론 활동을 하자

같은 책을 여럿이 읽고 토론하면 더 많은 생각을 얻을 수 있다. 미처 생각하지 못했던 부분을 읽어낸 토론 동료의 생각을 들을 수 있다. 토론 상대의 주장을 검증하는 단계에서도 더 생각이 깊어진다.

책 전체의 메시지와 자신에게 미친 영향 등을 적는다

여기까지 했으면 전체를 하나의 글로 정리하고 자신의 의견을 곳곳에 달 수 있다. 물론 마지막에 달 수도 있다. 요약하는 분량이 얼마인지에 따라 달리하면 된다. 요약하는 분량이 A4용지 10매 정도 된다면 마지막에 의견을 달기보다는 장별로 의견을 다는 것이 좋겠다.

구분해서 독서해야 한다

정보를 얻기 위한 읽기라면 주로 속독과 다독을 해야 하지만, 신문 기사라고 하더라도 생각을 해야 할 필요가 있는 부분에서는 정독을 해야 한다. 어떤 방법으로 읽어야 하는지는 초등학교 4학년 때 이미 배웠다. 먹이를 사냥하는 맹수와 같이 본능적으로 느리게 접근할 때와 빠르게 공격할 때를 구분하는 잠재된 본능을 깨워야 한다.

문해력을 키우는 공부가 수리력을 만든다

OECD에서는 학습하는 능력의 핵심 바탕으로 문해력(리터러시)와 수리력(뉴머러시)를 들었다. 이를 바탕으로 현대사회에서는 발달한 디지털, 데이터에 관한 문해력(데이터 리터러시, 디지털 리터러시)이 발전할 것으로 예측했다. 전통적으로 공부의 기본은 '국·영·수 공부'라고 했던 말과 다름이 없다. 문해력은 곧 언어 습득과 활용을 말하는 것인데, 우리가 주로 학습하는 언어는 국어와 영어이다. 수리력은 말 그대로 수학 교과에서 배우는 능력이다. 그러니 문해력과 수리력이 바탕이 된다는 말은 "공부는 국·영·수가 중요해!"라는 말과 다름이 없다. 이는 현행 고등학교 교육과정에서 국어, 수학, 영어, 한국사를 기초영역이라고 분류한 것과 같다. 한국사가 기초영역에 포함된 것에는 이의가 있지만, 이를 제외한다면 모든 과목 공부의 기본이 되는 과목이 국어, 영어, 수학 교과이며, 이를 두고 도구 교과라고 한다. 다른 학문을 위한 도구 역할을 하기 때문에 시간을 초월하여 중요성을 부각하는 것이다.

2018년, 국제 바칼로레아 교육과정인 IB 교육과정에 대한 연구[3]에서는 IB 교육과정의 고등학교 수학을 담당하고 있는 김하늘 선생님에게 IB 수학 교육과정과 평가의 특징을 문의했었다. 우리나라도 IBDPInternational Baccalaureate Diploma Programme(IB 인증 고등학교 교육과정) 교육과정을 운영할 준비를 여러 시·도에서 하고 있고, 이미 시작한 고등학교도 있어 이 교육과정이 우리나라 수학 교육에 영향을 미치리라 예상한다. 아래 글은 김하늘 선생님의 답변이다.

우리 수능의 경우, 좋은 대학에 가기 위해서는 모든 과목을 잘해야 하고 전공 관련 분야는 특히 더 잘해야 합니다. 그리고 모든 교과에서 선별 기능을 최우선으로 두고 조건에 따라 평가 내용이나 방식을 조율합니다. 그러다 보니 2015 개정 교육과정의 경우, 수능에 문제가 제기되면 내용을 아예 빼고 줄이는 방식으로 대응했습니다.

그런데 IBDP에서는 IBDP 과정을 이수하고 받은 성적이 대학 입학 자격인 만큼 대학의 학업 수행에 적절한 내용이나 방식을 교육과정에 넣습니다. 수학의 경우, 상당히 넓은 범위를 내용으로 다루다 보니 깊이는 다소 떨어지는 것으로 보입니다. 하지만 이것을 보완하는 것이 IAInternal Assessment, 즉 수행평가입니다. 수행평가를 통하여 수학적 사고와 수학적 언어를 사용해서 문제 해결 과정을 익히도록 합니다. 이 때 문제는

3 손민호, 조현영, 진동섭, 김기홍, 박진희, "고교 단계 IB, AP(Advanced Placement) 교육과정 적용방안 연구", 교육부, 인하대학교, 2018

스스로 던지는 문제입니다. 수학적 사고와 관련한 학생의 게슈탈트가 온전히 드러나는 과정이 곧 논문 작성 과정입니다. 또한 개인 맞춤형 교육과정이 갖는 특성이 여기에서 온전히 드러납니다.

수행평가는 기본적으로 매 학기 12쪽 이상의 보고서를 작성해 제출하는 방식입니다. 이 작성 방식을 '수학적 탐구'라고 부릅니다. 어떤 주제를 탐구할지는 학생이 스스로 선정해 오면 됩니다. 주제 선정을 하기 위해서는 의문으로부터 시작해야 하는데요, 즉 수행평가가 존재하는 것만으로도 학생들은 교과서에서 배운 내용에 계속 질문을 던지는 연습을 하게 됩니다.

IB 교육과정은 보고서를 가이드라인에 따라 평가합니다. 먼저 의사소통 영역에서는 '학생이 얼마나 의사소통을 잘하고 있는가?', '수학적 표현이 얼마나 잘 기술되어 있는가?', '기호와 식을 오류 없이 사용하고 있는가?'를 평가합니다. 학생의 참여도 영역에서는 '학생이 학습한 지식을 얼마나 잘 재구성, 재생산하고 있는가?'를 봅니다. 단순히 붙여넣기가 아닌, 책이나 인터넷에서 다루지 않은 행간까지 얼마나 잘 재구성하고 있는지를 봅니다. 이외에도 비판적 성찰, 수학적 난이도, 이런 평가 영역이 있습니다.

IB 교육과정 학습에서 수행평가가 차지하는 비중은 비록 20%에 불과하지만 학습 면에서는 중요한 위상을 차지한다. 12쪽 논문을 작성해야 하는데, 주제는 학생이 스스로 결정해야 하고, 너무 어려운 주제를 선택하면 오히려 감점당할 수 있다고 한다. 학습 방향을 이끄는 IB의 평가 기준은 수학적 표현으로 의사소통이 잘 되게 작성했는가, 지식을 재생산하고 있는가 등이다.

평가 방향을 보면 IB 수학은 수학적 문법을 사용하는 리터러시라고 할 수도 있다. 대상을 읽고 수학적으로 잘 표현해야 하는 역량에서 '수학적'이라는 뜻은 수리력과 관련 있고, 대상을 잘 파악해서 표현하는 능력은 문해력과 통한다.

어쩌면 우리 수학 교육이 지향하는 방향도 이 방향일 것이다. 대학에서 출제하는 수리 논술 문제나 면접 문제는 수능 문제와는 결이 다른 문제로 출제된다. 수리논술과 면접을 준비할 때 유의점은 IB 교육과정에서 수행평가 보고서를 작성하는 방식과 같다.

결국 수학을 잘한다는 말은 수학적 지식을 가지고 있고, 동시에 대상을 비판적으로 파악해서 자신의 언어로 잘 표현한다는 뜻이다. 수학 공부 역시 문해력을 바탕으로 한다고 해도 지나친 억지는 아니다.

학생부위주전형에서
좋은 평가를 받는 방법

학생부위주전형에서 문해력은 종합전형에만 필요하다고 생각할 수 있다. 학생부종합전형이 아니라 교과전형이라도 문해력은 꼭 필요하다. 학교 시험은 수행평가와 지필평가로 이루어진다. 수행평가에서 직접 책을 읽고 요약해서 발표하는 과제, 관련된 책을 찾아 논거로 활용해 발표하는 과제 등은 문해력이 없으면 발표 수준이 낮아 좋은 성적을 받기 어렵다. 한편 학생부종합전형에서는 교과 관련 책을 읽고 배움을 확장했다면 이를 평가에 반영할 수 있다. 즉, 독서는 여전히 중요하다. 물론 2021학년도 고등학교에 입학하는 학생들부터는 독서 내역을 직접 대학에 제공하지는 않는다. 그래도 '각 교과 세부능력과 특기사항'이라는 항목에 학생이 읽은 책을 선생님이 써줄 수 있으므로 독서 상황이 평가 대상이 될 것으로 생각한다.

'학생이 어떤 계기로 어떤 책을 읽는다. 그 책을 읽다가 서평을 찾아보니 서점 홈페이지에 함께 구매한 책 목록이 나온다. 그중에 마음에 드는 책을 학교 도서관에서 찾아보니 우리 도서관에도 그 책이 있다. 책을 대출해서 읽고 주장의 차이점을 발견했다. 차이가 나는 이유를 이리저리 알아보면서 다양한 관점이 있다는 것을 알았고, 나는 먼저 읽은 책의 내용보다는 나중에 읽은 책의 내용을 더 지지하게 되었다.'

입학사정관은 이와 같은 독서 과정을 학생부에서 찾아볼 수 있는데. 이렇게 쓴 학생은 이미 초등학교 때 같은 주제의 책을 비교해가면서 읽는 방식을 배운 것이다.

독서는 책의 수준이나 분량도 관계가 있다. 대학에서는 대학 공부를 하는데 부합하는 독서 능력을 갖추고 있는지를 평가하고 싶어 한다. 학생이 읽은 책이 대학에서 원하는 수준에 이르지 못했다면 학생을 선발하지 않으려고 한다. 학생이 자기가 읽은 책이 학생부에 기재되기를 바란다면 당연히 성적과 책의 수준을 맞춰 읽어야 한다. 예를 들어 생명과학 I 성적이 70점이면서 4등급인 학생이 600쪽이나 되고 재미도 없는《이기적 유전자》를 독파하고 발표했다면 과연 입학사정관이 믿을까? 아마도 다른 부분이 우수해서 이 학생을 면접 대상자로 정했다면 반드시 독서 능력을 검증하는 질문으로 사실을 확인할 것이다.

하여간 수능의 문해력은 A4 한 장 분량을 요구하는 것이지만, 학종의 문해력은 단행본 한 권 분량을 읽고 내용을 정리해서 요약하고 핵심 질문을 만들어 붙일 수 있는 것이다. 그런데 책을 선정하여 글을 읽고 정리해서 요약하고 의견을 나누는 습관은 이미 초등학교 때 들였어야 하는데, 이미 때를 놓쳤다면 다시 초등학교 시절로 돌아가서 차근차근 연습을 하고 와야 한다. 그래도 초등학교 때 처음 배울 때보다는 광속으로 익힐 수 있다. 늦었다고 생각할 때가 가장 빠를 때이다.

더구나 앞으로는 평생 학습 사회가 되어 나이 마흔에 다시 대학에서 공부를 더 하고, 예순에 한 번 더 공부하고 어쩌면 여든에도 공부를 다시 해야 할지 모른다. 공부를 더 하려면 문해력이 필요한데 문해력이 없으면 '지속적으로 삶을 개척해서 인생 이모작 삼모작을 이루기'라는 목표를 달성할 수 없다. 다른 사람들이 현재를 살 때 나만 문해력이 떨어져 과거에 살고 있다면 행복할 수 없다. 지금은 산골에 사는 사람도 SNS에 글을 올려 자신을 드러내고 온라인에서 다양한 정보를 얻는 시대다. 세상이 어디까지 달라질지 아무도 모른다. 이 세상의 현재에 살려면 문해력은 필수다.

문해력을 키우는 공부는
서·논술형 수능에서 어떤 역할을 할까?

수능에 서·논술형 시험이 들어오면 글로 답하는 능력을 갖추어야 좋은 성적을 얻을 수 있다. 그런데 수능이 '인간의 탐욕이 과학을 발전시키는 데 이바지하였나?'와 같이 한 문장으로 문답하는 방식은 아닐 것이다. 현재 각 대학에서 시행 중인 논술 시험도 제시문을 요약하고, 유사한 각 글의 주장을 묶고, 또 각 주장이 어떻게 다른지 의견을 말하는 방식이다. 논술 시험이 이 같은 형태인 이유는 간단하다. 논술 시험은 《춘향전》의 이도령이 치른 과거시험이었던 '춘당춘색 고금동春塘春色 古今同이라는 글제에 대해 글을 쓰라.'처럼 글 쓰는 능력을 보는 방식에서 현재의 대학입시 논술처럼 글을 읽을 수 있는 능력과 쓸 수 있는 능력을 동시에 평가하는 방식으로 변해왔기 때문이다.

수능에 서·논술형 시험이 도입된다면 그 시기는 2028학년도 대입부터가 될 것이다. 그 이전에는 도입과 운영이 쉽지 않다. 그래서 교육부도 2020년 연초에 2024년에 새 대입제도를 발표하겠다는 로드맵을 보여주었다. 대입제도 개편은 '대입 4년 예고제'에 해당하므로 2024년 2월에 발표하리라 예상한다. 이 학생들은 2025년에 고등학교에 입학하는 학생들이다. 2025년은 고등학교에 고교학점제가 전면 시행된다고 예고된 때다.

고교학점제가 시행되면 고등학교가 달라지나? 대학입시를 위한 공부는 별로 달라지지 않는다. 국어, 수학, 영어, 사회, 과학 공부를 잘하면 좋은 대학, 원하는 학과에 진학할 수 있다. 고교학점제는 이 과목 이외 것을 더 배울 선택의 기회를 주는 제도라고 이해하면 된다. 우리 아이가 공부를 곧잘 한다면 국어와 영어는 잘할 것이고(이 말은 문해력이 있다는 말이다). 수학에서는 고등학교 수학에서 위계가 가장 높은 미적분까지 잘하고, 과학은 물리학, 화학, 생명과학, 지구과학을 모두 잘하고, 역사와 철학을 포함한 인문학과 사회과학에도 소양이 있다면 기본은 탄탄하므로 어디든 진학할 수 있다. 의예과든 경영·경제학과든 상관없이 진학해서 공부할 수 있다.

이 시기에 서·논술형 수능을 왜 도입하려는 걸까? 정답을 고르는 시험은 학생들의 사고를 답지 안에 폐쇄적으로 묶어둔다. 틀려도 좋으니 개방적인 답을 할 수 있게 해야 한다. '과연 틀린 답은 정말 틀린 것일까?'에 우리는 확신에 찬 답을 할 수가 없다. 하지만 국가가 학생을 평가해서 성적을 제공할 필요가 있다고 생각하는 사람들이 많다면 수능을 없애기가 어렵다. 그러다 보니 지금은 서·논술형으로 답을 하도록 물어보는 시험을 더 부과하거나 아니면 이런 시험으로 대체하려고 하는 중이다. 한편 아직은 선택형 수능 문항이 여전히 존재할 전망이다. 서술형 시험의 채점 공정성 시비에서 아직은 자유로울 수 없기 때문이다.

문해력을 키우는 공부는
수능 국어의 핵심이다

하나 마나 한 말이지만, 수능 국어에서는 문해력이 성적을 좌우한다. 일단 수능 문제에는 글을 읽고 내용을 잘 파악했는지를 묻는 문제가 등장한다. 2022학년도 수능부터는 필수 과목과 선택 과목으로 나뉘는데, 독서는 필수 과목이다. 아래와 같은 정도의 글이 몇 편 제시되고 질문이 세 개정도 있다. 아래 글은 2020학년도 수능 국어 영역에 실린 글이다. 글을 잘읽었는지 물어보는 문제다. 글 속의 정보를 잘 파악하고 비판적으로 보아야 한다는 것은 초등학교 때 배웠다. 단지 글의 내용이 좀 어렵다.

> 많은 전통적 인식론자는 임의의 명제에 대해 우리가 세 가지 믿음의 태도 중 하나만을 가질 수 있다고 본다. 가령 '내일 눈이 온다.'는 명제를 참이라고 믿거나, 거짓이라고 믿거나, 참이라 믿지도 않고 거짓이라 믿지

도 않을 수 있다. 반면 베이즈주의자는 믿음은 정도의 문제라고 본다. 가령 각 인식주체는 '내일 눈이 온다.'가 참이라는 것에 대하여 가장 강한 믿음의 정도에서 가장 약한 믿음의 정도까지 가질 수 있다. 이처럼 베이즈주의자는 믿음의 정도를 믿음의 태도에 포함함으로써 많은 전통적 인식론자들과 달리 믿음의 태도를 풍부하게 표현한다.

우리는 종종 임의의 명제가 참인지 거짓인지 새롭게 알게 된다. 이것을 베이즈주의자의 표현으로 바꾸면 그 명제가 참인지 거짓인지에 대해 가장 강한 믿음의 정도를 새롭게 갖는다는 것이다. 베이즈주의는 이런 경우에 믿음의 정도가 어떤 방식으로 변해야 하는지에 대해 정교한 설명을 제공한다. 이에 따르면, 인식 주체가 특정 시점에 임의의 명제 A가 참이라는 것만을 또는 거짓이라는 것만을 새롭게 알게 됐을 때, 다른 임의의 명제 B에 대한 인식주체의 기존 믿음의 정도의 변화는 조건화 원리의 적용을 받는다.

이는 믿음의 정도의 변화에 관한 원리로서, 만약 인식 주체가 A가 참이라는 것만을 새롭게 알게 된다면, B가 참이라는 것에 대한 그 인식 주체의 믿음의 정도는 애초의 믿음의 정도에서 A가 참이라는 조건하에 B가 참이라는 것에 대한 믿음의 정도로 되어야 함을 의미한다. 예를 들어 갑이 '내일 비가 온다.'가 참이라는 것을 약하게 믿고 있고, '오늘 비가 온다.'가 참이라는 조건하에서는 '내일 비가 온다.'가 참이라는 것을 강하게 믿는다고 해 보자. 조건화 원리에 따르면, 갑이 실제로 '오늘 비가 온다.'가 참이라는 것만을 새롭게 알게 될 때, '내일 비가 온다.'가 참이라는 것을 그 이전보다 더 강하게 믿는 것이 합리적이다. 조건화 원리는 새롭게 알게 된 명제가 동시에 둘 이상인 경우에도 마찬가지로 적용된다. 다만 이 원리는 믿음의 정도에 관한 것이지 행위에 관한 것은 아니다.

명제들 중에는 위의 예에서처럼 참인지 거짓인지 새롭게 알게 된 명제와 관련된 것도 있지만 그렇지 않은 것도 있다. 조건화 원리에 따르면, 어떤 명제가 참인지 거짓인지 새롭게 알게 되더라도 그 명제와 관련 없는 명제에 대한 믿음의 정도는 변하지 않아야 한다. 예를 들어 위에서처럼 갑이 '오늘 비가 온다.'가 참이라는 것만을 새롭게 알게 되더라도 그것과 관련 없는 명제 '다른 은하에는 외계인이 존재한다.'에 대한 그의 믿음의 정도는 변하지 않아야 한다. 이처럼 베이즈주의자는 특별한 이유가 없는 한 우리의 믿음의 정도는 유지되어야 한다고 본다. 베이즈주의자는 이렇게 상식적으로 당연하게 여겨지는 생각을 정당화하기 위해 기존의 믿음의 정도를 유지함으로써 얻을 수 있는 실용적 효율성에 호소할 수 있다. 특별한 이유 없이 학교를 옮기는 행위는 어떠한 방식으로든 우리의 에너지를 불필요하게 소모한다. 베이즈주의자는 특별한 이유 없이 기존의 믿음의 정도를 바꾸는 것도 이와 유사하게 에너지를 불필요하게 소모한다고 볼 수 있다. 이 관점에서는 실용적 효율성을 추구한다면, 특별한 이유가 없는 한 기존의 믿음의 정도를 유지하는 것이 합리적이다.

한국교육과정평가원이 2020년에 발표한 '2022학년도 대학수학능력시험 예시 문항 안내'에 따르면 독서 영역은 '인문학·사회학·자연과학·기술공학·예술·생활 분야의 다양한 글을 제재로 하여 독서의 원리와 방법에 대한 지식과 아울러 어휘력, 사실적·추론적·비판적·창의적 사고력을 측정한다.'고 명시하였으며, '설명문·논설문·서사문·보고서·생활문 등 다양한 유형의 글을 활용하여 출제하되, 지문에 포함된 내용을 이해하는 데 필요한 배경지식의 수준과 범위가 고교 교육과정을 벗어나지 않도록 한다.'고 하였다. 이 자료는 한국교육과정평가원 홈페이지에 탑재되어 있다.

2020년의 예시 문항에서는 음악을 주제로 한두 개의 글을 제시하였는데, 두 편의 글을 분석적·통합적으로 읽고 독서의 목적에 맞게 내용을 재구성할 수 있는지를 평가하고자 했다고 하며, 이 문항을 해결하기 위해서는 '독서에서 하나의 화제에 대해 다양한 관점과 형식을 보이는 여러 글을 비판적·통합적으로 이해하여 재구성하는 능력을 갖추어야 한다.'고 했다. 이를 위해 '학교 수업에서는 독서 교과서 등을 통해 책이나 글이 상호 텍스트성을 가진다는 점과 주제 통합적 읽기의 개념 및 과정을 이해하고 동일한 화제에 대해 서로 다른 관점을 가진 글을 대조하면서 읽거나 비슷한 주제를 담고 있는 다양한 형식의 글을 비교하면서 읽는 연습'을 하도록 조언하였다.

문해력을 키우는 공부는
수능 고득점을 부른다

수능 영어는 절대평가로 성적이 나온다. 90점 이상이면 1등급, 80점 이상이면 2등급을 받는다. 80점 이상인 학생은 수험생의 25% 내외에서 형성된다. 많은 학생이 80점도 못 맞는 이유는 글을 모르기 때문이다. 중학교 영어 수준에서는 실용 영어 문장처럼 간단한 문장을 배우는데, 고등학교에서는 문장이 복잡한 글이나, 중심 문장과 뒷받침 문장으로 구성된 단락, 혹은 그보다 더 긴 글을 읽고 내용을 파악해야 한다. 문해력이 떨어지고 영어 단어조차 잘 모르면 내용 파악을 할 수 없어 80점을 못 맞는다. 즉 문장이 단문이면 겨우 해석은 하지만 어휘 학습이 되어 있지 않아 문장 해독을 어려워하고 글의 주제를 파악하지 못하는 경우가 많아 80점을 넘기기 어렵다.

이런 학생이 우선 길러야 할 역량은 문해력이다. 영어Ⅱ 수준까지 배울 2,500개의 어휘를 잘 외워 뜻을 알고 있어야 하며, 배경지식을 늘려 글이 말하려고 하는 의도를 잘 파악해야 한다. 같이 밤새 시험 공부를 한 두 학생이 시험을 본 결과 한 학생은 성적이 좋았는데 한 학생은 그렇지 못했다면, 이는 배경지식의 차이가 가져온 결과이다.

사회 과목에서도 고득점을 하기 위해서는 문해력이 필수적이다. 학생들이 많이 선택하는 사회·문화 과목은 개인과 집단, 사회 불평등을 주제로 한 글들을 읽고 문제를 해결해야 한다. 단순 암기보다는 개념을 이해하면서 공부해야 하는 과목이기 때문에 문해력이 중요하다.

사회 과목 시험을 잘 보려고 하면 어휘에 대한 이해가 깊어야 한다. 지리 과목의 피오르드 해안 같은 외래어나 감입곡류하천과 같은 한자어도 외우기 어려운 단어다. 평소 사진을 보면서 익혀두면 좀 더 기억에 오래 남는다.

역사 과목도 암기로 접근하면 실패한다. 물론 일정 부분은 암기를 해야 하지만 상황을 잘 이해한다면 암기보다 더 깊이 이해할 수 있다. 이런 점에서 역사 교사인 김해용 선생님이 들려주시는 다음 이야기는 역사 공부를 문해력으로 접근하라는 충고로 들린다.

조선 후기 비변사라는 기관이 있다. 교과서는 양란 이후 조선 정치의 중심이 되었고, 세도가들이 비변사를 장악하여 권력을 행사했다고 기술되어 있다. 여기서 비변사라는 단어를 한번 이해해 보자. 한자로 준비하다(비) 備, 변방(변) 邊, 맡을(사) 司. 즉 변방(국경)에 문제를 대비하는 기관이다. 변방 문제란 곧 외적의 침입이기에 외적의 침입을 사전에 대비하는 기관이라는 의미가 된다. 지금 말하자면 국가안전보장회의NSC라고 할 수 있다. 국가안전보장회의는 누구로 구성되어 있는가. 결국 대통령, 국무총리,

국방부장관, 외무부장관 등으로 모이지 않는가. 그렇다면 조선의 비변사 역시 그 성격을 이해한다면 재상과 판서들로 구성되었음을 쉽게 떠올릴 수 있다. 또 양란 이후는 어떠한가. 임진왜란과 병자호란을 겪으면서 국가 시스템이 불안정할 것이고, 비변사에서의 회의 빈도가 높을 것임을 상상해 볼 수 있을 것이다. 소위 조선의 높은 벼슬아치들이 다 모이는 회의체가 생긴 것이다. 세상도 복잡해졌고, 국가 복구를 위해서는 속도도 필요한데, 조선 전기처럼 태평하게 6조에서 기획하고, 의정부가 심사하고 국왕이 재가하고 그것을 다시 의정부가 심사하여 6조에 시달할 시간이 어디 있겠는가. 기왕 재상과 판서가 모인 김에 여기서 국방 문제뿐 아니라 국가의 중대사를 결정하면 쉽게 해결되는데 말이다. 자연스레 비변사가 최고의 권력 기관이 됨을 몇 가지 상상력만으로 이해한다면 교과서의 기술된 내용을 잊을 수 없을 것이고, 더 나아가 세도가들이 비변사를 장악하려는 이유와 세도가들을 쳐내서 중앙집권을 강화하려 했던 흥선대원군이 왜 비변사를 가장 먼저 약화시켰는지도 이해가 갈 것이다.

과학 과목은 긴 글을 읽고 답하는 경우가 없다. 그러므로 용어의 개념을 잘 공부해서 해당 용어가 사용된 문장을 이해하는 데 걸림돌이 없어야 한다. 예를 들어 지구과학에서 'A, C 지역은 단단한 물질이 맨틀 속으로 섭입하는 지역이므로 판이 두꺼울 것'이라는 문장을 보고 맨틀이 무엇인지, 섭입이 무슨 뜻인지를 모르면 문제를 풀 수 없다. 섭입을 국어사전에서 찾으니 '지구의 표층을 이루는 판이 서로 충돌하여 한쪽이 다른 쪽의 밑으로 들어가는 현상. 밑으로 들어가는 판의 위쪽 면을 따라 지진 활동이 활발하게 일어난다.'라고 풀어놓았다. 한자로는 攝入이다.

5장

고등학교마다
필요한 공부머리가
다를까?

영재학교는 어떤 공부를 할까?

영재학교는 왜 영재학교일까?

영재학교는 왜 영재고가 아니고 영재학교일까? 영재학교는 〈영재교육진흥법〉에 의해 설립된 학교다. 동법 제6조(영재학교의 지정·설립과 운영) 제1항에 '① 국가는 영재 교육을 실시하기 위하여 고등학교 과정 이하의 각급 학교 중 일부 학교를 지정하여 영재학교로 운영하거나 영재학교를 설립·운영할 수 있다.'에 '영재학교를 설립·운영'할 수 있다고 하였으므로 '영재학교'라고 불린다. 그러나 서울과학고, 경기과학고, 대전과학고, 대구과학고, 광주과학고 등 5개 학교는 '과학고'라는 명칭을 그대로 사용하고 있고, 한국과학영재학교, 인천과학예술영재학교, 세종과학예술영재학교 등 3개 학교는 영재학교 명칭을 사용하고 있다. 그럼에도 학교 유형은 '영재학교'가 맞다. 그렇지만 학교 정보는 '학교알리미'에 다 나오므로 일반 고등학교와 특별히 분리된 유형이라고 하기는 어렵다.

영재학교 교육과정은 일반고와는 확연히 다르다. 성적 처리 방식도 다르다. 교육과정은 다시 자세히 살펴보기로 하고, 평가의 경우, 일반고는 과목에 따라 절대평가와 상대평가를 혼용해 성적을 산출하지만 영재학교는 10단계 절대평가 방식을 사용한다. '가장 좋은 성적은 A+, 그 다음은 A0, 그 다음은 A-'와 같은 방식으로 성적을 산출한다. 그래서 모든 과목에서 A+을 맞았다면 평점 4.3이 되는데, 이 성적은 영재학교 개교 이래 아직 없다고 한다. 그런데 이런 성적 체계를 모르는 사람들은 "영재학교에서 4점대 점수를 맞았는데 서울대 합격했다."라고 하면 "그렇게 공부 못하는 학생을 서울대가 영재학교 출신이라고 선발하다니⋯." 하는 경우가 있다.

영재학교 교육과정과 문해력

영재학교에서는 일반고에서는 할 필요가 없다고 외치는 연구 활동을 모든 학년이 매년 하고 있다. 연구 활동은 자율연구, 현장연구, 졸업논문연구로 구성된다. 자율연구는 R&EResearch&Education(연구를 통한 학습 지도)와 과제연구로 구성한다. 현장연구는 국내·외 대학 또는 연구소에서 행해지는 교육 및 연구 활동을 말한다. 졸업논문연구는 졸업 직전의 2개 학기에 걸쳐 수강하며, 개인 연구 활동을 통해 전문 교과와 관련된 개인 논문을 제출해야 한다.

S 영재학교 교육과정

연구활동	자율연구	R&E I (4), R&E II (4)	20	26
		과제연구 I (4), 과제연구 II (4), 과제연구 III (2), 과제연구IV (2)		
	현장연구	자연탐사(2), 위탁교육(2), 이공계체험학습(1)	2	
	졸업논문	졸업논문연구 I (2), 졸업논문연구 II (2)	4	

영재학교의 수학, 과학 과목에서도 연구보고서를 써야 하므로 문해력이 기본적으로 필요하다. 영재학교는 이 시간 이외의 일반 교과 시간에도 책을 읽고 글을 써야 하는 일이 일반고에 비해 두드러지게 많다. 영재학교가 국가 교육과정과 다른 교육과정을 운영하기 때문에 생기는 일이다.

다음 장의 표에서 알 수 있듯 S 영재학교에서는 일반고의 독서 교육과정과는 다르게 독서 I 부터 독서IV까지 네 단계의 독서 수업이 각 학기별로 1학점씩 운영된다. 이 시간에 읽는 책으로 500쪽 정도 되는 책도 있다. 그리고는 2,000자로 내용 요약하기를 시험으로 보았다. 이 정도 문해력을 갖추지 않으면 자존감이 떨어진다.

또, S 영재학교에서 '매체 언어 비평' 과목을 선택과목으로 수강하면, 매체를 보고 그 매체의 언어적 내용을 비평하는 공부를 한다. 주로 다큐멘터리 및 SNS와 뉴스 등을 비평한다. 비평 활동을 하므로 학생들은 자신의 언어로 글을 써야 한다. 과학영재학교 학생들이 다큐멘터리 〈공부하는 인간: 호모아카데미쿠스〉를 시청한 뒤 비평글을 썼다는데, 우리 아이라면 뭐라고 쓸까?

구분		필수 과목				선택 과목			
		기본 필수	소계	심화 필수	소계	기본 선택	이수학점	심화 선택	이수학점
일반교과	국어	국어Ⅰ(2) 국어Ⅱ(2) 독서Ⅰ(1) 독서Ⅱ(1)	6	독서Ⅲ(1) 독서Ⅳ(1)	2	현대문학(2) 고전문학(2) 작문(2) 문법(2)	6	매체 언어 비평(2) 영미문화탐구(2) 경제학(2) 예술사(2) 디자인(2)	4
	사회	정치경제(3) 세계문화지리(3) 한국사(3)	9	철학(3) 세계사(3)	6				
	외국어	영어Ⅰ(3) 영어회화Ⅰ(1) 영어Ⅱ(3) 영어회화Ⅱ(1)	8	커뮤니케이션(2) 고급커뮤니케이션(2)	2	영어Ⅲ(3) 영어독해(3) 영작문(3) 시사영어(3)	6		
				중국어Ⅰ(2) 중국어Ⅱ(2)	4				
	예체능	건강과 체육Ⅰ(1) 건강과 체육Ⅱ(1) 여가와 체육Ⅰ(1) 여가와 체육Ⅱ(1) 음악Ⅰ(1) 음악Ⅱ(1) 미술Ⅰ(1) 미술Ⅱ(1)	8			생활체육(2) 생활음악(2) 생활미술(2)	2		
	소계		31		14		14		4

과학고 가자!

과학고는 조기 졸업이 매력?

과학고와 영재학교의 큰 차이는 조기 졸업에 있다. 영재학교에서는 조기 졸업하는 학생이 거의 없는데, 과학고에서는 꽤 많은 학생이 2학년을 마치고 대학교에 진학한다. 과학고 학생의 80%가 조기 졸업하던 시대도 있었는데, 2012년 연말에 과학고등학교 발전 방안에 따라 과학고 조기 졸업 비율을 2014학년도 입학생부터 20%로 낮추기로 했고, 이어 각 시·도 교육청은 20%도 많으니 10%로 하는 안을 권장했다. 따라서 2014년에 과학고에 입학했다면 2016년에 2학년을 이수한 학생 중 적은 수의 학생만이 조기 졸업을 할 수 있다. 이 학생들 외에도 조기 진급 대상자로 2학년을 마치고 진학할 수 있다. 결국 30% 내외 학생이 조기에 졸업한다.

학교알리미의 공시자료를 보면 S 과학고의 2019학년도에 1학년 학생은 162명이었고 2020학년도에 2학년이 되자 150명으로 조금 줄었는데, 2021학년도 3학년에는 94명이 재학하고 있다. 2학년에서 3학년이 되면서 50여 명이 줄었다. 이 학생들은 2학년을 마치고 대학에 진학한 것으로 보인다.

S 과학고에서 학년별로 배우는 내용은 국가 교육과정 수준에서 배우도록 한 과목들인데, 일반고에 비해 보통 교과는 좀 빨리 배우고, 이어서 과학고에서 배우는 전문 교과 I 과목을, 다음으로 카이스트에서 제공하는 APAdvanced Placement과목을 배운다. 과학고 교육과정은 선택이 거의 없고 대부분 학교가 지정한 대로 배운다는 점에서 학생 선택을 다양하게 제공하는 영재학교 교육과정과 차이가 있다.

S 과학고 교육과정

학년	1학년		2학년		3학년	
학기	1학기	2학기	1학기	2학기	1학기	2학기
배 우 는 과 목	국어(3) 영어(3) 수학(6) 통합과학(6) 화학 I (3) 물리 II(2) 통합사회(3) 체육(2) 음악(2) 정보과학(2)	국어(3) 영어(3) 심화수학 I (6) 생명과학 I (3) 지구과학 II(3) 고급물리학(3) 고급화학(3) 통합사회(3) 체육(2) 음악(1) 정보과학(2)	문학(3) 영어 I (3) 심화수학 II(6) 고급물리학(4) 고급화학(3) 고급생명과학(4) 고급지구과학(3) 사회 과목선택 (2) 운동과건강(2) 정보과학(2)	독서(3) 영어독해와작문(3) 미적분(4) 심화수학 II(2) 물리학실험(3) 화학실험(3) 생명과학실험(4) 고급지구과학(2) 사회 과목선택(2) 운동과건강(2) 정보과학(2)	화법과작문(2) 심화영어 I (2) 한국사(3) 고급수학 I (2) 미적분학 I AP(4) 지구과학실험(2) 과학 과목AP(10) 스포츠생활 미술(2) 제2외국어(2)	화법과작문(1) 심화영어 I (3) 한국사(3) 고급수학 II(6) 지구과학실험(2) 과학 과목AP(8) 스포츠생활 미술(2) 제2외국어(2)

- 사회 과목 선택: 세계지리, 윤리와 사상, 경제, 정치와 법, 세계사 중 택1
- 과학 과목 AP(10) 선택: 일반 물리학 I (AP), 일반 화학 I (AP), 일반 생물학(AP) 중 택2×5단위
- 제2외국어 선택: 일본어 I, 중국어 I, 한문 I 중 택1
- 과학 과목 AP(8) 선택: 일반 물리학 II (AP), 일반 화학 II (AP), 생태와 환경 중 택2×4단위

학생이 2학년을 마치고 대학에 진학하면 학생의 성적은 2학년 1학기까지 대학에 제공되므로 국어와 영어는 일반고에 비해 매우 적게 배우고, 사회 과목은 한 과목을 2단위로 배우며, 수학 과목은 심화수학 II까지 배운다. 과학은 고급과학까지 배우므로 일반고 학생보다 깊이 있게 배운다. 그러나 심화수학 I 과 심화수학 II 과목은 이름은 '심화'이지만 내용은 일반고에서 배우는 심화수학 I 은 수학 I, 수학 II, 미적분을 빨리 배울 수 있도록 하나로 합한 과목이고, 심화수학 II 는 미적분, 확률과 통계, 기하를 합한 과목이므로 일반고에 비해 더 깊이 공부했다고 하기는 어렵다. 즉, 일반고에서는 3학년까지 배울 내용을 압축해서 2학년 1학기까지 다 배운다.

2015 개정 교육과정 수학 과목의 학습 내용과 위계

과목	선이수과목	학습 내용
수학 I	수학	지수함수와로그함수, 삼각함수, 수열
수학 II	수학	함수의 극한과 연속, 미분, 적분
미적분	수학 I, 수학 II	수열의 극한, 미분법, 적분법
확률과 통계	수학	경우의 수, 확률, 통계
기하	수학	이차곡선, 평면벡터, 공간도형과 공간좌표
실용 수학	수학	규칙, 공간, 자료
경제 수학	수학 I	수와 생활경제, 수열과 금융, 함수와 경제, 미분과 경제
수학과제 탐구	수학	수학과제 탐구의 목적과 절차, 연구 윤리, 탐구 실행 및 평가
심화 수학 I	수학	수학 I, 수학 II, 미적분 압축한 심화학습
심화 수학 II	수학 I, 심화 수학 I	적분, 확률과 통계, 기하 압축한 심화학습
고급 수학 I	심화수학 I, II 일반 진로 과목 이수	벡터, 행렬과 선형변환, 복소수와 극좌표, 그래프
고급 수학 II	고급 수학 I	미적분의 활용, 급수, 수학적 모델링

따라서 과학고 학생들이 일반고나 영재학교 졸업생에 비해 1년 먼저 진학하는 것이 점점 어려워질 수 있다. 일반고 학생에 비해 타고난 영재성이 있는 경우를 제외하면 학교에서 공부한 수준과 양으로 보면 과학을 더 많이 배우는 대신 국어, 영어, 사회는 매우 적게 배우고, 수학도 더 잘 배웠다고 내세울 것이 별로 없기 때문이다.

이제 2019학년에 고등학교 2학년을 마치고 2020학년도 대입에 지원해 대학에 간 학생들이 과거에 비해 적은 것 아닌가 하는 의혹이 풀린다.

2015 개정 교육과정이 공통 과목을 두고 모든 유형의 학교가 공통 과목을 반드시 이수하도록 했기 때문이다. 공통 과목이 학생의 성장에 걸림돌이 될지, 도움이 될지는 개별 학생마다 다를 것이다. 하지만 과학고 학생들이 조기에 졸업하지 말고 3년 과정을 충실히 이수하도록 국가 수준에서 장려한다는 점을 염두에 두면 정책의 의미를 생각해볼 일이다.

우스갯소리로 "요즘 대학생들은 같은 학년이라도 한 살만 많아도 형, 언니라고 부르기 때문에, 한 해 일찍 대학 가봐야 별거 없다." 또는 "다른 친구들은 치맥 먹으러 갈 나이가 되었을 때도 너만 나이가 안 되었으니 밖에서 새우깡 먹고 형, 언니 과제나 대신해주고 있게 된다."고 말한다. 물론 우스갯소리지만 군이 고등학교를 2년만 다니고 대학에 진학해야 하는 이유가 있을지 깊이 생각해보아야 한다. 2학년 마치고 대학에 진학하려면 2학기 수업에 충실하기 어렵다. 2학년 1학기까지의 서류가 대학에 제공되니 심리적으로 소홀해지기도 하지만, 면접을 챙기고 연습을 하다 보면 학교 공부에 소홀해지기 십상이다.

과학고에서도 문해력으로
공부머리를 길러야 한다

과학고에 진학하려는 중학생은 수학·과학 공부에 전념하므로 영어와 국어는 소홀히 한다. 독서도 수학·과학 영역에 편중된 경우가 많다. 고등학교에 진학해도 수학, 과학 수업 시간이 많고 속도도 빨라 잠을 줄이며 공부해도 영어와 국어 공부 시간이 매우 적을 수밖에 없다. 사회 과목 공부를 거의 하지 않는 것도 글에 대한 이해가 부족해지는 이유 중 하나다. 배경지식 부족으로 인문·사회에 관한 글을 읽을 역량이 부족해진다. 그래서 과학고 진학을 원하는 학생은 중학교 때 영어 공부와 독서를 비롯한 국어 공부도 열심히 해 두어야 한다고 말한다. 그야말로 문해력이 중요하다는 말이다.

과학고 학생을 대상으로 공부와 진학을 주제로 이야기하는 자리가 있었기에 주요 내용을 옮겨 본다.

질문 하나 드릴게요. 다음 중 가장 우수한 학생으로 평가될 가능성이 큰 학생은? 과연 누구일까요? 보기가 있어야겠죠? 보기가 네 개면 학력고사 시절 문제라고 하지만 오늘은 넷 중 하나를 고르기로 합니다.

① 놀면서도 공부 잘하는 학생
② 공부만 열심히 하는 학생
③ 놀기만 하는 학생
④ 공부도 안 하면서 놀지도 않는 학생

답은 놀면서 공부 잘하는 학생입니다. 그렇다면 논다는 것은 무엇을 말할까요? 또 보기를 드릴게요. 쉬워요.

① 하는 일 없이 빈둥거리는 학생
② 게임을 시작하면 헤어나지 못하는 학생
③ 몸치장이나 이성 교제에 열을 올리는 학생
④ 다양한 취미 활동을 통해 자기 계발을 하는 학생

답은 4번이겠죠.
공부에 지친 학생이라면 좀 놀아야 합니다. 여러분은 창의적 체험활동 동아리를 하면서 자율 동아리도 한 개쯤 하죠. 그런데 모든 동아리 활동도 공부로 채워진다면 매일 공부하고 또 공부하는 학생이잖아요. 그러면 공부 기계죠, 사람이 아니에요. 사람은 일을 마치면 주기적으로 놀아줘야 해요. 휴식을 즐기는 거죠. 대학에 가면 더 깊이 공부해야 하는데, 고등학교 때 100% 역량을 발휘하면 대학 와서는 힘들어서 쓰러져요. 그러니 동아리 활동만이라도 노는 동아리를 하는 것을 권합니다.

여러분이 기타를 배운다면 6개월 안에 배워 아마추어로서는 수준 높은 연주를 할 수도 있어요. 60세에 배운다면 6년은 걸릴 겁니다. 그러니 청춘 시절에 다양한 취미를 가지고 정신을 쉬게 하세요. 운동도 해야 합니다. 운동을 하면 생각 근육도 커진다는 연구도 있답니다.

제 친구 중에 기업을 경영하고 있는 친구가 있습니다. 이 친구가 고등학교 때 춤을 좀 췄는데, 가수 싸이의 말춤이 유행할 때 직원들과 단체 말춤 동영상을 찍었습니다. 이런 춤 방식을 떼춤이라고 하더라고요. 친구는 떼춤의 한가운데에서 춤을 추었어요. 그 뒤에는 어떻게 되었을까요? 제 친구처럼, 공부만 잘하는 것보다 공부 말고도 자신을 대표할 수 있는 무엇 한 방도 기르기 바랍니다.

여러분은 과학고 학생으로 고등교육 기회를 부여받고 국가적 인재로 자라나라는 기대를 받고 있습니다. 그래서 여러분은 스스로에게 '나는 왜 공부를 하고 있는지' 물어봐야 합니다. 공부 자체가 좋아서 한다면 공부가 좋아서 공부한다고 대답할 것이고, 다른 목표가 있다면 그 목표를 확정해야 합니다. 목표를 좁은 범위로 제한하지 마세요. 일론 머스크가 스페이스엑스SpaceX를 통해서 이루려는 '인류를 화성으로 이주시킨다'와 같이 큰 목표가 좋습니다. 이후에는 무엇을 공부하고 있는지 확인해야 합니다. 자신이 무엇을 공부하는지, 무엇을 알고 무엇을 모르는지를 확인하는 일은 자신의 공부 목표와 공부 내용을 떠올리는 작업입니다. 이는 목표를 향해 나아가는 데 유용합니다.

여러분의 선배도 "대학 공부의 본질은 지금까지의 학문을 그대로 답습하는 데 있지 않습니다. 지금까지 쌓아온 학문을 통해 나의 식견을 넓히고 내 생각을 만들어가는 것에 그 본질이 있다고 생각합니다. '왜'라는 질문으로 대상을 더 본질적으로 이해하고, 이를 통해 나만의 생각을 쌓아야 합니다."[4]와 같은 조언을 남겼습니다.

---

4 《서울대학교 2015 개정 교육과정에 따른 고교생활 가이드북》, 서울대학교, p.44

또 다른 선배는 "대학에서 이공계 분야를 전공하고자 하는 학생이라면 즉 대학에서 공부를 제대로 하고 싶은 학생이라면 고등학교 때 만나는 수학 문제를 논리적으로 서술해가며 푸는 방식으로 공부해야 한다고 생각합니다. 문제를 이해하고 풀이하는데 시간이 많이 필요한 만큼 오랫동안 생각해보는 습관을 기를 수 있고, 논리적으로 하나하나 따져가며 공부하는 방식이 단순히 정답을 찾는 것에 비해 훨씬 더 대학에서의 공부 방식에 근접해 있다고 생각하기 때문입니다."라고 했습니다.

그런데 이 조언은 여러분에게는 맞지 않습니다. 이미 여러분은 이 방식으로 공부하고 있기 때문입니다. 하지만 이런 조언은 매우 소중합니다.

"대학 공부에서 제일 중요한 것은 정확한 읽기 능력입니다. 학습 교재, 소설, 교양서, 신문 등 어떤 종류의 글이든 많이 읽고 내용을 정리해보시기 바랍니다. 읽기 연습을 어떻게 해야 할지 모르겠다면 많이 읽어보는 게 제일 좋습니다. 다양한 길이, 여러 형식의 글을 일단 많이 읽다 보면 어떻게 읽어야 할지 감을 잡을 수 있습니다. 상대적으로 시간적 여유가 있는 고등학교 1, 2학년 때 가능한 많은 종류의 글을 접해보기를 추천합니다. 필수는 아니지만 영어로 된 긴 글을 읽는 것도 좋습니다. 책, 인터넷 등으로 수업에 필요한 자료 조사를 할 때도 한국어뿐 아니라 영어 자료를 찾아보기를 추천합니다. 영어 읽기 연습에 도움이 될 뿐 아니라, 방대한 영어 자료의 양을 직접 확인하면 영어 공부에 큰 동기 부여가 될 것입니다."

여러분이 고등학교에서 길러야 할 독서 역량은 오래전부터 인기가 있는 《이기적 유전자》 같은 책을 끝까지 읽고 나서 내용을 요약해보고, 중요한 질문 두 개를 만들고, 프레젠테이션 자료로 만들어 발표하는 수준에 이르러야 합니다.

여러분 앞에는 수능 정시 확대라는 정책이 기다리고 있습니다. 이 정책의 영향으로 여러분도 정시를 준비해야 한다며 흔들리고 있을지 모릅니다. 이미 시험 한두 번 보고 나서 등급이 낮으면 '정시로 가야지.' 하고 마음을 먹을 수도 있습니다. 그러나 2학년을 마칠 때까지는 수능 공부는 뒤로 미루어 두고 적극적으로 독서 역량을 기르는 일에 동참하기를 바랍니다. 여러분은 공부 역량을 가지고 있습니다. 국어 공부만 좀 하면 수능은 금세 만점 가까이 맞을 수 있다고 보증합니다. 수학, 과학 백 점은 떼놓은 당상이니 영어와 국어만 공부하면 되는데, 2학년 겨울방학부터 열한 달 공부해서 목표를 이루지 못할 사람은 여기 없습니다.

그러므로 어떤 공부를 해도 중요한 것은 문해력입니다. 대학 공부가 독서를 바탕으로 한다는 것은 이미 알려진 이야기이고요, 나중에 연구원이 되었을 때도 연구계획서를 잘 쓰고 발표를 잘해야 연구비 수혜를 받을 수 있습니다. 보고서도 조리 있게 잘 써야 국제적으로 인정을 받습니다. 문해력은 여러분의 미래와 직·간접적으로 삶에 관여합니다.

또한 영어 공부를 많이 해두어야 합니다. 대학에서 원서로 공부하고 영어로 강의를 들을 수 있어야 하는데, 과학고 학생은 영어를 못해 수강을 포기한다는 우스갯소리가 있습니다. 교수님이 원서를 사오라니까 번역본을 사 왔는데, 영어로 강의하니 문을 열고 나가서 수강 변경을 했다는 이야기도 있습니다. 일반고 학생은 대학에서 전공 공하는데 과학고 학생은 영어 공부한다는 말도 있고요.

입시에 관한 이야기는 접어두고 여러분이 공부를 잘하기를 바라는 마음을 이런 말들로 전합니다. 공부는 공부하고 싶은 마음이 있으면 잘할 수 있습니다. 꿈을 크게 갖고 더 정진하기 바라며, 공부 외 다른 취미 생활에도 공을 들이기를 바랍니다.

과학고등학교에서는 수학·과학 시간이 절반 이상을 차지한다. 전체 교과 180단위(주당 1시간이면 1단위, 1학기에는 주당 30시간을 수업하므로 학기

당 30단위, 6개 학기이므로 180단위가 됨) 중 72단위에 전문 교과 수업을 해야 하는데, 수학 10단위와 과학 12단위가 공통 과목에서 이수해야 할 과목으로 정해져 있어 94단위 정도를 수학과 과학 과목 수업에 할당한다. 문해력을 기를 수 있는 과목인 국어와 영어, 사회 과목은 그리 많지 않다. S 과학고의 수학·과학 과목을 제외한 교육과정을 보면 1학년에서 학기별로 국어 3시간, 영어 3시간이 전부이며 2학년 1학기에 문학 3시간, 영어 I 3시간을 공부한다. 조기 졸업을 하는 학생들은 여기까지 성적에 기재된 채로 대학에 원서를 낸다.

문제는 중학교 때에도 수학·과학 공부를 하느라 영어나 국어 공부를 충실히 하지 못한 경우다. 반드시 고등학교에서 만회해야 하는데, 그렇지 않고 대학에 진학하면 이공계나 농생계, 의약학계에서 공부할 때 문해력 부족으로 심각한 위기를 맞이한다. 사회 과목도 1학년 때 통합사회를 배운 뒤에는 2학년에서 한 과목을 배운다. 3학년까지 다닌다고 해도 수학·과학 과목은 점점 실력이 늘어도 국어와 영어는 크게 향상되리라고 기대하기 어렵다. 그러므로 과학고에 진학하려면 문해력과 영어 실력을 꼼꼼하게 챙겨야 한다. 과학고를 다니기 위해 신경을 써야 할 과목이 국어와 영어라는 점이 아이러니다.

교과(군)	과목유형	세부 교과목	기준단위	운영단위	1학년 1학기	1학년 2학기	2학년 1학기	2학년 2학기	3학년 1학기	3학년 2학기
국어	공통	국어	8	6	3	3				
국어	일반	화법과 작문	5	4					2	2
국어	일반	문학	5	3			3			
국어	일반	독서	5	2				2		
영어	공통	영어	8	6	3	3				
영어	일반	영어 I	5	3			3			
영어	일반	영어독해와 작문	5	3				3		
영어	전문	심화 영어 I	5	5					2	3
한국사	공통	한국사	6	6					3	3
사회	공통	통합사회	8	6	3	3				
사회	일반	한국 지리	5	4			2	2		
사회	일반	생활과 윤리	5	4			2	2		
사회	일반	경제	5	4			2	2		
사회	일반	정치와 법	5	4			2	2		
사회	일반	세계사	5	4			2	2		
제2외국어, 교양	일반	일본어 I	5	2					2	
제2외국어, 교양	일반	논술	5	2					2	
제2외국어, 교양	일반	철학	5	2					2	
제2외국어, 교양	일반	중국어 I	5	2						2
제2외국어, 교양	일반	논리학	5	2						2
제2외국어, 교양	일반	실용 경제	5	2						2

자율형 사립고, 외국어고등학교, 국제고등학교에 필요한 문해력

2025학년도부터 외국어고등학교와 국제고등학교는 자율형 사립고와 함께 일반고로 전환해서 신입생을 선발할 예정이다. 현행 교육과정에서 자율형 사립고와 일반고는 교육과정이 같다. 물론 다른 곳도 있다. 전국 단위 자사고인 하나고등학교와 민족사관고등학교 교육과정에는 학생이 선택해 듣는 과목이 많고, 학생이 직접 희망하는 과목을 택하는 실질적인 선택 교육과정을 운영하고 있다. 광역 자사고 중 충남삼성고, 인천포스코고 교육과정도 학생 선택 과목을 많이 제공한다. 충남삼성고등학교는 2021년부터 IB 교육과정 후보 학교가 되어 2021학년도에 입학한 학생부터 2학년, 3학년 과정에서 IBDP를 이수할 수 있게 되었다.

이렇게 몇 학교를 제외하고는 대부분 자사고가 일반고 교육과정과 다를 바 없는 교육과정으로 운영한다. 즉, 배우는 과목은 일반고와 차이가 없다. 그러나 어떻게 배우는지는 조금 다를 수 있다. 우선 선발 학교이므로 배우는 수준이 높다. 또 현행 교육과정에서의 평가는 대부분 상대평가라 좋은 성적을 받기 힘들어 입시 준비를 수능 중심으로 하는 학교도 있다. 자사고에 진학하려는 학생은 학교별 특성을 잘 알아보고 선택해야 한다.

외국어고와 국제고는 3년간 180단위 중 72단위는 전문 교과를 배운다. 외고의 전문 교과는 영어나 제2외국어인 전공어이고 국제고는 국제에 관한 교과와 외고에서 배우는 외국어 관련 교과를 배운다. 외고는 72단위 중 60%는 전공어를, 나머지 40%는 영어를 배운다. 전공어는 주당 8시간인 학기가 두 학기, 주당 7시간인 학기가 네 학기다. 하루에 전공어를 두세 시간은 공부한다. 영어를 28단위 공부하는데, 공통 과목인 영어 10단위가 더 있으므로 실제로 38단위를 배운다. 영어도 주당 6시간 이상 배운다는 뜻이다. 국제고는 50단위쯤는 국제경제, 국제정치, 지역이해, 비교문화 등 국제에 관한 교과를, 일부 시간은 외고에서 배우는 외국어 과목을 배운다. 이렇게 전문 교과 72단위를 배우는데 역시 영어는 공통 과정에 해당하는 10단위를 추가로 배운다. 그러다 보니 수시 입시까지 외국어고와 국제고에서는 국어 과목, 수학 과목의 이수 시간은 각 15~20단위 정도 편성하고, 사회 과목과 과학 과목은 필수 이수 단위인 사회 10단위, 과학 12단위를 이수하는 정도이다. 나머지는 생활·교양 영역 과목과 체육, 예술 과목을 필수로 이수해야 한다. 결국 외고와 국제고는 수학 교과의 학습뿐만 아니라 문해력의 핵심인 국어와 사회 과목의 학습량이 적어 교육과정의 보완이 많이 필요하다.

꾸준히 공부해야 한다

문해력과 영어 공부

영어를 배운다는 것은 의사소통 도구를 사용하는 능력을 기른다는 것을 말한다. 해외여행을 할 때 단어 나열 수준의 영어로 요구사항을 전달할 수 있는 수준이라면 초등학교 영어 실력이다. 사실 초등학생도 그보다는 잘한다. 문법에는 잘 맞지 않기도 하지만 대충 자신의 생각이나 느낌까지를 전달할 수 있다면, 해외여행에서 가이드 없이도 생존에 문제가 없다면 중학생 수준의 영어 실력이다. 외국에서 장기간 생활하면서 이웃과 잘 지낼 수 있다면 고등학생 이상의 영어 실력이다. 다음은 외국계 회사에 다니고 있는 젊은이의 말이다.

"외국계 회사도 한국에서 사업을 하려면 한국어를 잘하는 사람이 필요한데, 그 사람이 바로 한국인이거든요. 그래서 한국인을 채용해야 하는데

내부에서 회의하고 본사와 소통해야 하니까 영어를 좀 하는 사람이면서 자기 분야에 대한 전문적인 지식을 가지고 일을 할 수 있어야 하죠. 그래서 이 세 가지, 즉 한국어 소통 능력, 영어 소통 능력, 전공 능력을 가지고 있으면 외국계 회사에 자리가 많아요. 그런데 취직이 잘 안 되는 이유는 영어를 잘하는 사람은 많은데 전공에 실력 있는 사람은 많지 않기 때문이에요. 그래서 전공 공부를 열심히 해야 하죠. 한편 전공 실력이 돼도 영어가 안 되면 취직하기 어려운데, 친구가 외국계 회사에 취직하려면 어떡해야 하냐고 해서 공인어학성적이라도 먼저 챙기라고 했어요. 공인어학성적은 대학 다닐 때 챙기면 되지만, 고등학교 때 영어 실력이 좋지 않았다면 여러모로 고생해요. 영어로 회의를 하는데, 영어 회의뿐 아니라 SNS 문자로도 회의를 하니까 쓰기와 읽기도 공부를 좀 해야 해요. 그리고 외국인 상사에게 한국인 상사에게 하듯 언성을 높여야 할 때가 있는데, 그건 학교에서 배운다고 되는 건 아니에요. 언성 높이는 영어를 못하면 늘 'YES'라고 할 밖에요. 학교 영어는 늘 점잖아서 학교에서는 배울 기회가 없어요. 드라마나 영화를 보고 배워야 할까 봐요. 외국인 상사에게 언성 높일 수 있으면 최고 수준인데, 잘 안 되죠. 그리고 영어로 보고서를 쓰니까 문장 쓰는 연습을 해두면 좋아요."

젊은이는 외국계 회사 다니려면 단순한 영어로 말하기뿐 아니라 영어로 된 문서를 읽고 보고서 쓰기, 자신이 담당한 일에 대한 보고서 쓰기, 영어 채팅으로 회의하기 등 문자 관련 능력이 많이 필요하다는 말을 하고 있다. 학생 대부분이 익혀야 하는 영어가 이 정도 수준이다.

꾸준히 읽고 써야 대가가 된다

1800년 정조가 붕어한 뒤 천주교도로 의심받던 다산 정약용은 이듬해인 1801년 신유박해辛酉迫害 때 경상북도 장기로 유배되었는데, 그해 10월 처조카 황사영백서黃嗣永帛書 사건으로 한양으로 압송되어 취조를 받고 강진으로 유배되어 18년간 유배 생활을 했다. 여기서 다산은 강진 고을 아전의 아들인 황상을 제자로 삼았다. 황상은 1802년 가을, 다산을 찾아와 공부를 배우기 시작했다. 며칠 뒤 황상은 다산에게 자신같이 아둔하고 꽉 막히고 분별력 없는 사람도 공부를 할 수 있는지 물었다. 다산은 한번 보면 외우는 아이들은 그 뜻을 음미할 줄 모르니 금세 잊고, 제목만 주면 글을 지어내는 사람은 똑똑하지만 경박하고 들뜨는 문제가 있고, 한마디만 던져주면 금세 말귀를 알아듣는 사람들은 곱씹지 않으므로 깊이가 없다고 하며, 너처럼 둔한 아이가 노력하면 얼마나 대단하겠냐고 용기를 주었다고 한다. 황상이 둔하기는 둔했나보다. 아이에게 너는 둔하지만 노력하면 더 훌륭해진다고 말하면 아이가 더 노력해서 훌륭한 인재가 될까? 다산은 이어 둔한 송곳은 구멍을 뚫기는 어렵지만 일단 뚫고 나면 구멍이 커서 거칠 것이 없다고 말해주었다. 다산의 가르침은 하나를 가르치면 열을 아는 영민한 홍길동보다 꾸준히 노력하는 둔재가 대가가 될 가능성이 크다는 것이다. 그러니 영재가 아닌 세상 모든 범생들은 희망을 갖고 꾸준히 공부에 매진할 일이다. 이 이야기는 황상이 다산을 찾아가서 공부를 가르쳐 달라고 했다는 점에서 의미가 자못 크다. 신분 사회에서 아전의 아들이 양반에게 찾아가 글을 배우겠다는 포부를 말하는 용기를 가졌다는 점만으로도 충분히 교훈적이다. 어떤 학생이 도서관에서 번역서를 보다가 원저자인 미국 대학 교수에게 교수님과 같은 전공의 길에 들어서는 방법을 알고 싶다고 이메일을 보냈다고 한다. 그 교수님이 학생을 대견하게 여겨 답장을 보내주었는데, 답장에는 공부 열심히 해서 큰 사람이 되라는 말이 써있었다고 한다. 학생은 답장을 받은 뒤 답장을 받았다는 사실만으로도 고무가 되어 공부를 열심히 했는데, 자기소개서에 이 이야기를 써서 대학에 붙었다고 한다. 입학사정관 입장에서 보면 이메일을 보냈다는 창의적 용기, 문제 해결력도 중시했을 것이고 답장을 받은 이후 공부를 열심히 했다는 열정도 높이 샀을 것이다. 하여간 도전의 용기는 성공에 큰 동력이 된다. 황상의 용기는 이 학생의 용기와 유사한 점이 있다. 발전을 꿈꾸고 무엇을 알고 싶다는 욕망이 있다는 점에서 아이의 행동을 높이 산다. 이런 행위는 욕망에서 나온다. 아이의 공부하고 싶다는 욕망이 담대한 행동으로 이어진 것이다. 태도 면에서 이 이야기를 해석하면 다른 사람보다 더 용기를 내는 것이 발전의 근간이라는 말로 요약되지만, 황상의 성장이나 현재 학생의 공부 이야기로 돌아오면, 공부는 노력의 제곱에 비례한다는 말이 적절하다.

공부머리는 문해력이다

2021년 7월 1일 초판 1쇄
2023년 12월 7일 초판 7쇄

지은이 · 진동섭
펴낸이 · 박영미
펴낸곳 · 포르체

출판신고 · 2020년 7월 20일 제2020 – 000103호
전화 · 02 – 6083 – 0128 | 팩스 · 02 – 6008 – 0126 | 이메일 · porchetogo@gmail.com
포스트 · https://m.post.naver.com/porche_book | 인스타그램 · www.instagram.com/porche_book

ⓒ 진동섭(저작권자와 맺은 특약에 따라 검인을 생략합니다)
ISBN 979 – 11 – 91393 – 20 – 0 (03370)

여러분의 소중한 원고를 보내주세요.
porchetogo@gmail.com